テキスト読解場面における下線ひき行動に関する研究
―― 役割と有効性の検討 ――

魚 崎 祐 子 著

風 間 書 房

目　次

第1章　はじめに ………………………………………………………………… 1
　第1節　教授・学習活動をめぐる状況 ……………………………………… 3
　　1.1.1　学習科学 …………………………………………………………… 3
　　1.1.2　我が国における現状 ……………………………………………… 7
　第2節　テキストを用いた学習場面 ……………………………………… 10

第2章　先行研究 ………………………………………………………………… 13
　第1節　教授方略 …………………………………………………………… 14
　　2.1.1　教授方略の分類 …………………………………………………… 14
　　2.1.2　テキストデザイン ………………………………………………… 16
　第2節　学習方略 …………………………………………………………… 20
　　2.2.1　学習方略とは ……………………………………………………… 20
　　2.2.2　学習方略の分類 …………………………………………………… 21
　　2.2.3　学習方略の選択 …………………………………………………… 22
　　2.2.4　テキスト読解時の学習方略 ……………………………………… 24
　第3節　文章理解 …………………………………………………………… 27
　　2.3.1　スキーマの役割 …………………………………………………… 27
　　2.3.2　記憶表象のレベル ………………………………………………… 28
　　2.3.3　認知科学における"読み"の捉え方 …………………………… 29
　　2.3.4　メタ認知的活動 …………………………………………………… 30
　第4節　筆記行為 …………………………………………………………… 31
　　2.4.1　筆記行為の捉え方 ………………………………………………… 31
　　2.4.2　書き込み …………………………………………………………… 32

|　　2.4.3　覚えるために書くこと……………………………………………… 33
|　　2.4.4　ノートテイキング………………………………………………… 34
|　　2.4.5　下線をひくこと…………………………………………………… 36

第3章　本研究の位置づけと目的……………………………………… 45
　第1節　本研究の位置づけ……………………………………………… 45
　第2節　本研究の目的…………………………………………………… 47

第4章　実験1：下線をひくことが読解に影響を及ぼす要因…… 49
　第1節　目的……………………………………………………………… 49
　第2節　方法……………………………………………………………… 49
　　4.2.1　被験者………………………………………………………… 49
　　4.2.2　実験条件……………………………………………………… 49
　　4.2.3　実験材料……………………………………………………… 50
　　4.2.4　実験手順……………………………………………………… 51
　　4.2.5　解答の評価…………………………………………………… 52
　第3節　結果……………………………………………………………… 53
　　4.3.1　再生テスト結果……………………………………………… 53
　　4.3.2　アンケート結果……………………………………………… 55
　第4節　考察……………………………………………………………… 58

第5章　要因の検討……………………………………………………… 63
　第1節　実験2：読解時間の長さと再生時期の違いによる影響……… 63
　　5.1.1　目的…………………………………………………………… 63
　　5.1.2　方法…………………………………………………………… 63
　　5.1.3　結果…………………………………………………………… 65
　　5.1.4　考察…………………………………………………………… 80

第 2 節　実験 3：複雑素材の読解において下線を
　　　　　　　ひくことによる影響 …………………………………… 82
　5.2.1　目的 ……………………………………………………………… 82
　5.2.2　方法 ……………………………………………………………… 82
　5.2.3　結果 ……………………………………………………………… 84
　5.2.4　考察 ……………………………………………………………… 90
第 3 節　実験 4：短期大学生の文章読解において下線を
　　　　　　　ひくことによる影響 …………………………………… 91
　5.3.1　目的 ……………………………………………………………… 91
　5.3.2　方法 ……………………………………………………………… 92
　5.3.3　結果 ……………………………………………………………… 93
　5.3.4　考察 ……………………………………………………………… 100
第 4 節　実験 5：読解への制限時間がない状況において下線を
　　　　　　　ひくことによる影響（四年制大学生の場合）………… 102
　5.4.1　目的 ……………………………………………………………… 102
　5.4.2　方法 ……………………………………………………………… 103
　5.4.3　結果 ……………………………………………………………… 104
　5.4.4　考察 ……………………………………………………………… 113
第 5 節　実験 6：読解への制限時間がない状況において下線を
　　　　　　　ひくことによる影響（短期大学生の場合）………… 114
　5.5.1　目的 ……………………………………………………………… 114
　5.5.2　方法 ……………………………………………………………… 114
　5.5.3　結果 ……………………………………………………………… 116
　5.5.4　考察 ……………………………………………………………… 124

第 6 章　総合考察 ………………………………………………………… 127
　第 1 節　各要因による影響 …………………………………………… 127

6.1.1　再生時期の違い……………………………………………127
　　6.1.2　読解時間の長さ……………………………………………129
　　6.1.3　素材の難易度………………………………………………132
　　6.1.4　学習者集団の違い…………………………………………135
　第2節　読解過程における下線の役割………………………………137
　第3節　本研究の結論と意義…………………………………………140

第7章　まとめ及び実践場面とのつながり………………………………143
　第1節　まとめ……………………………………………………………143
　第2節　実践場面とのつながり………………………………………146
　　7.2.1　方略の使用と教師の影響…………………………………146
　　7.2.2　学習者による情報選択と内容理解………………………150
　第3節　今後の課題……………………………………………………152

引用文献……………………………………………………………………155
資料…………………………………………………………………………165
あとがき……………………………………………………………………181

第1章　はじめに

　本研究の主題は，テキストを用いた教授・学習場面において日常的に行われている行動に着目し，実験的手法を用いて検討することにより，これらの行動の中に含まれる方略としての役割や有効性，関わる要因について明らかにすることである．

　我々は教授・学習場面において様々な行動をとるが，これらの行動の多くは，それぞれの教授者や学習者の習慣や経験などによって培われたものである．そのため，学習効果を高めるような行動が用いられていたとしても，それらの行動の背景にある理論的な裏付けについて議論されることはほとんどなく，それらの行動をとっている本人ですら，「何となく」「効果がありそうな気がする」といった理由で用いていることがある．このように，行動に対する理論的な裏付けがないために，目に見える行動の部分だけ真似をしたとしても効果的なものとはなりにくく，共有することが難しい．こういった背景が，数々の教授法や学習法がブームとなっては廃れていくという状況を生みだしていると考えられる．つまり，それぞれの方法に求められる目的をはっきり設定しないままに用いているために，有効であるかどうかの判断が難しく，利用する価値を見出せなくなるのだといえるであろう．

　本研究のきっかけとなったのは，他人に借りた本には書き込みができないために読みにくく感じる，またそのような傾向は難しい素材の時ほど感じやすい，などといった筆者自身の経験である．しかし，これらはあくまでも感覚的なものにすぎなかった．そこで，読解中に線をひいたり，マーカーで印をつけておくなどといった何の気なしに習慣的にとっている行動が果たしている役割について明らかにしたいと考えたのである．

　何かを学習しようとするとき，私たちは様々な工夫をする．たとえば，テ

スト前の学習について考えてみると，テキストへの書き込みを行うこと，緑や赤のマーカーで重要用語をマークして下敷きで隠して覚えること，ノートにまとめ直すことなどが挙げられる．しかし，これらの学習法が常に効果的であるとは限らないということを我々はうすうす感じつつも習慣的に続けているのが実状ではないだろうか．

　一方，教授者の側も学習者の理解を助けるために，様々な工夫をしている．例えばメディアを用いて情報を提示したり，資料を与えたりすることなどが挙げられるであろう．配付資料の中には，非常に美しくまとめられたもの，キーワードの部分が穴埋め式になっているものなど教授者が時間をかけて用意したであろうと考えられるものも多い．しかし学習者の立場から考えると，これらの教材が必ずしも学習しやすいものであったり，効果的であったりするとは限らない．また書店に行くと，効率よく学習できるように工夫された教材が並んでいる．このように教材を工夫することによって，必ず学習成果が上がるのであれば，子どもたちの学力はどんどん上がっているはずである．しかし，現実に目を向けると，教材を用意する側の思惑が必ずしも成功しているとは考えにくい．

　このような問題は，理論的な裏付けのないまま，教授者や学習者の行動が経験的，感覚的にとられていることによっておこっているのではないだろうか．したがって，実際にとられている行動と，理論的背景とを結びつけて捉えることが求められており，それができれば習慣的にとられている行動をより効果的に利用することができるようになると考えられる．

　本章では，本研究の背景にある教授・学習活動をめぐる変遷と現在の状況について述べた上で，研究対象として設定したテキストを用いた学習場面について述べることとする．

第1節　教授・学習活動をめぐる状況

1.1.1　学習科学

　学習科学とは，よりよい教育を実現したいという社会的要請を背景にして，これまでの認知過程の研究に基づき，現実の人の学習，例えば学校教育の中での子供たちの学習を研究し，現代のテクノロジーを駆使して実効性のある教育のシステムを教育実践の中で作り上げようという研究動向である（三宅ら，2002）．

　長い間，人間の心の問題は哲学や神学の領域として分類され，心を理解することも，心の営みである思考や学習の仕組みを解明することもできなかった（Commission on Behavioral and Social Sciences and Education National Research Council, 1999）．しかし，心と脳，思考や学習の神経プロセス，認知発達など様々な分野からの科学的研究の成果により，「心」を科学的にとらえることができるようになってきた．

　特にこの数十年のあいだに，「学習」に対する科学的研究が，学習科学として急速に広まり，「教育」に対しても重要な示唆を与えることができるようになった．認知心理学，発達心理学，神経科学，社会心理学，文化人類学，教育工学などの様々な立場から，「人はいかに学ぶのか」の解明をめざす学習科学の目覚ましい発展は，すべて基礎研究と教育実践が連携することによってもたらされたものである（Commission on Behavioral and Social Sciences and Education National Research Council, 1999）．

　20世紀初頭の教育目標は，もっぱら「読み・書き・計算力」の育成であったが，現代社会においては，単なる「読み・書き・計算力」以上の能力が求められている．このため，21世紀の教育目標は，創造的思考に必要な知識を生徒たちが獲得することであり，そのために必要となる認知技能や学習方略の習得を支援すること（Commission on Behavioral and Social Sciences and Education National Research Council, 1999) へと変わってきているといえるであろう．

　ここで，これまでの学習に関する研究の流れをふり返り，それに伴う学習科学の発展について述べることとする．

　先に述べたように長い間解明されてこなかった人間の心について，最初に心理学実験室を設置し，科学的な研究を始めたのは，Wilhelm Wundt である．彼は，19世紀後半に，同僚とともに，被験者に自分の心の中を内省させる「内観法」とよばれる方法を用いて，人間の心（意識）の分析を試みた (Commission on Behavioral and Social Sciences and Education National Research Council, 1999)．

　20世紀に入り，心理学の世界の「行動主義」と呼ばれる学派が生まれた．行動主義の考え方では，客観的に観察できる行動や，それを統制する刺激条件を研究対象とした．この理論において学習は，「刺激（Stimulus）」に対する「反応（Response）」の連合としてとらえられ，その間にある人間の内的過程はブラックボックスとして扱われた．神秘的で観察できない心的過程というようなものは，科学的に受け入れられないものであった（Bruer, 1993）のである．また，学習の動機づけは，主に空腹のような誘因や報酬や罰などの外的な力によって生じると仮定された（Skinner, 1950など）．

　初期の行動主義心理学の限界は，観察可能な刺激と反応の連合だけに焦点をあてたために，教育にとって最も重要な，理解，推論，思考などの認知過程の研究をすることができなかったことである（Commission on Behavioral and Social Sciences and Education National Research Council, 1999）．このような中でやがて，行動主義の急進派（Behaviorism）に代わり，穏健派（behaviorism）が現れた．穏健派もまた行動を研究対象としたが，複雑な心理現象を説明するために，内的な認知過程に関する仮説をたてることを容認した（Hull, 1943など）．

　1950年代後半になり，人間の認知過程の解明をめざす認知科学という領域

が生まれた（Commission on Behavioral and Social Sciences and Education National Research Council, 1999）．認知科学では，学習者の内部でどのような理解の活動と知識の形成が行われているのかという問題を解き明かしていくことを主たる課題としている（佐藤，1996）．このような点において，人間の内的過程をブラックボックスとして扱った行動主義とは大きく立場が異なり，学習活動の捉え方に大きな影響を及ぼした．また，認知科学の誕生により，人間の思考や学習過程について単に思索するだけでなく，構築した理論を実験で検証したり（Anderson, 1982など），学習の社会・文化的文脈にまで洞察を深めたりすること（Lave & Wenger, 1991など）が可能になり，学習研究は「科学」になったのである（Commission on Behavioral and Social Sciences and Education National Research Council, 1999）．

　認知科学では，人間の行動や学習をアメとムチという強化の方法で外から自由に操れるといった考えはとらない（佐藤，1996）．学習を，教師が提示する刺激を単に記録するだけの消極的過程とみなすかわりに，学習者の中で起こり，学習者によって行われる積極的過程とみなした．また，学習の結果は主として教師が提示するものに依存しているとみなすかわりに，どんな情報が提示されるかということと，学習者がその情報をいかに処理するかということの両方に依存しているとみなした（辰野，1997）．このように，認知科学は「学習者の視点からの学び論」（佐藤，1996）であるといえる．

　認知科学における代表的な考え方の1つとして「情報処理アプローチ」が挙げられる．この考え方によると，人間の高度な知的活動である，「記憶する」「推論する」「判断する」といった諸々の活動はすべて頭の中で情報（＝記号）が変換され，処理されていく過程である（佐藤，1996）と考えられる．このように考えることは，「ブラックボックス」の中でどのような知的活動が展開されているのかについて，抽象的ではあるが一般的なモデルを作るのに有効であった．

　しかし，このような考え方では，具体的で領域固有の知識への関心が高ま

り，状況をより詳細に扱おうとするにつれ，限界が生じてきた．その中で生まれてきたのが「状況的認知論」という考え方である．この理論では，人間は自分をとりまく外界の中にある道具や他者などといった環境との相互作用の中で学習していくと考え（佐藤，1996），背景には，Lave & Wenger (1991) による正統的周辺参加論や Brown et al. (1989) による認知的徒弟制といった文化人類学における研究報告があった．このように，学習を社会的な活動のなかでとらえるべきであるという考え方は，実生活の複雑な認知過程にこそ解明すべき認知の本質が存在し，それを研究対象の中心とすることが認知の解明につながるという認知科学の姿勢（三宅ら，2002）につながっているといえるであろう．

　このように，学習理論が発展するのに伴って，学習を科学的にとらえる学習科学も発展してきた．学習科学の特徴として，Commission on Behavioral and Social Sciences and Education National Research Council (1999) は以下の点を挙げている．

・理解を伴う学習を重視する．

　思考力や問題解決の能力は，専門分野に関する豊かな知識体系に依存していることが明らかにされている（Chase & Simon, 1973 など）ため，知識の重要性を否定するわけではないが，単なる暗記力ではなく，理解や他の状況への転移を促進している．

・「知る」という過程に着目する．

　新しい知識の獲得は既有知識に基づいてなされるため，生徒たちが自分の既有知識を足場にすることによってより高度な成熟した理解に到達できるように，教師は必要に応じて指針を与えるべきだとされている．

・学習者が自分の学習過程を自分自身で制御する能動的学習を重視する．

　学習者が理解の程度を自分自身で認識したり，他者の意図を正しく理解しているかどうかを自分で確認したり，自分自身で構築した理論を自分自身で検証したりすることができるようになることを重視している．

以上のように，学習科学は，物事を深く理解し，学んだことを積極的に活用しようとする，能動的な学習者の育成をめざしている．また，「人はいかに学ぶのか」に光をあてることは，効果的な教授法を選択する際にも役立てることができる (Commission on Behavioral and Social Sciences and Education National Research Council, 1999).

1.1.2 我が国における現状

1.1.1で述べたように，学習過程や能動的学習が重視され，求められている現在，我が国における学習者たちはどのような方向に向かっているのであろうか．

NHK 放送文化研究所が中高生の生活について1982年から縦断的に調査を行っているが，その中に学校外の勉強時間についての項目も含まれる．藤澤 (2002a) は，学校外学習時間は自発的な学習意欲を知る目安になるとして，このうち1982年と1992年のデータを比較した．そして，学校で習ったことを自分なりにまとめたり，重要な知識を記憶したり，必要な技能を訓練したりするためにかける時間が減っていることについて危惧を抱いた．

文部省 (1989) による『学習指導要領』の総則では，「学校の教育活動を進めるに当たっては，自ら学ぶ意欲と社会の変化に主体的に対応できる能力の育成を図るとともに，基礎的・基本的な内容の指導を徹底し，個性を生かした教育の充実に努めなければならない」と述べられており，新しい学力観のキーワードでもある，自己学習力・自己教育力の育成，個性重視の視点は既にこの時点で打ち出されている．そこでは，自ら学ぶ意欲と社会の変化に主体的に対応できる能力，すぐれた思考力や判断力の育成など，自己学習力を「生涯学習」をみこした能力として学校教育段階で育成していこうという考え，個人のもっている長所を積極的に認め，それを伸ばしていこうという評価観，個に応じた指導の重視，などが唱われている (佐藤, 1996).

しかし現実には，何のための知識なのか，かいもく納得もしないままただ

丸暗記するという学習が，受験をひかえた中・高校では中心になっており，何のために学ぶのかという問いは学習の妨げになってしまっているのである（佐藤，1996）．藤澤（2002a）はこのような勉強の仕方を「ごまかし勉強」と呼び，「正統派の勉強」と比較することにより，ごまかし勉強の特徴として以下の5つを挙げている．

・学習範囲の限定

　事典や資料集などのように，興味関心に応じて，教材を広げることはせずに，教科書など初めに決めたものに限定するとともに，他の単元との関連，他の分野との関連など，教科書に直接記述のない事柄には関心をもたない．

・代用主義

　テストに出題される項目のみを外的基準（つまり，教師または教材の指示）で選び出し，自分の判断を通さずに，後は切り捨ててしまう．暗記材料は，自作するのではなく，教師または出版社の作ったものを代用する．

・機械的暗記志向（暗記主義）

　無意味な断片的知識をそのまま記憶しようとする．

・単純反復志向（物量主義）

　自分のやり方はこれでよいか，どうすればもっとわかりやすくなるか，などということを一切考えず，ただ作業量を増やせば解決するという対処の仕方をとる．

・過程の軽視傾向（結果主義）

　目先の点検時の結果のみを重視する傾向で，テストの結果，まぐれ当たりでも正解ならよいと考える．

　また，藤澤（2002a）は1970年代の中高生と1990年代の中高生の学習を比較することにより，テスト準備における勉強法の違いを生み出した原因について，学習に向かう姿勢の違いを挙げている．70年代は家庭学習の主体が本人にあり，良い成績をとるためには学習者自身が工夫する必要があったのに対

し，90年代になると自ら考えたり工夫したりする要素が試験準備から消えたというのである．このように，外から与えられたものを用いてその場しのぎの学習をするという傾向は，自らの意志で，そして自分なりの方法で学習する機会が減ってきているということとも関係しているであろう．

　さらに10年たった2002年のデータを加えると，学校外学習時間の減少はさらに進んでいることがわかる．2002年の調査には「30分ぐらい」という選択肢が新たに加えられたため，単純に比較することはできないが，中学生，高校生ともに学校以外の場における学習時間が減ってきていた．そのため，学習時間の減少に伴い，学習者自身が工夫をする姿勢がとれていないと考えられた．

　ところが，さらに10年たった2012年の調査結果を見ると，学習時間の減少には歯止めがかかっているようである．しかし，それによって学習者自身による工夫や能動的な取り組みにつながっているのかと考えるとそうとも言い切れない．この点について中西（2011）が興味深い指摘をしている．2009年に高校生を対象として行われた調査において，学習時間の増減を規定していたのは教師の指導のきめ細やかさであったというのである．つまり，90年代に「自ら学び自ら考える力」を特徴とした教育改革が打ち出されたものの，そのような改革のもとで能動的な学習態度を育成することが難しく，現場の教師たちはきめ細やかで個別的に生徒を指導することによって対応してきたということになる．そしてまた，このような指導の結果として生徒自身が「自ら学ぶ力」を獲得する機会を奪っているという可能性についても指摘している．

　以上のように，現在多くの学習者によってなされている学習活動は，1.1.1で述べたこれからの時代にこそ必要とされている学習活動や先ほど述べた学習指導要領で目指されている学習活動に向かっていると捉えることは難しい．

第2節　テキストを用いた学習場面

　教育・学習場面において用いられる教材には，様々なものがある．たとえば，書籍やパンフレットなどの印刷物，黒板やホワイトボード，地図や模型，OHPやプロジェクタ，DVDや放送番組，コンピュータなどが用いられている．このうち，DVDやパーソナルコンピュータなどでは，音声や動画なども教材の一部として取り入れられていることが多い．さらに近年ではタブレットやスマートフォンなどを利用することもある。しかし，そのような時代になってきた昨今においてもやはり，教材の中心となっているのはテキストではないだろうか．ここでいうテキストとは，いわゆる教科書のことではなく，文字や文章で示されるもの全体を指す．教室の中において用いられる教材としてだけではなく，個別学習のための教材においても，テキストは圧倒的に多く用いられていると考えられる．テキストを用いた学習は，自分のペースで読み進めることができ，理解できるまで何度でも読み返すことができる．そのため，広い学習者層に情報を伝える上で有効な手段であると考えられる．

　教科書や参考書などの教材においては，テキストに図表などを付加したものも多く，これらの図表によって内容理解が促進されるということも明らかになっている（岩槻, 1998など）．しかし，これらの図表は単独で何かを説明するためではなく，テキストでの説明を補助するためにつけられているため，情報の中心となっているのはテキストであるといえるだろう．

　このようにテキストを用いた学習場面が多いという状況では，テキストの内容を適切に理解することができるかどうかによって，学習活動の成立が大きく左右されると捉えることができる．

　また，テキストから何らかの情報を読みとり，獲得していくという作業は，学校教育のみに限定されたものではない．日常生活においても，新聞を読む，

パンフレットを読む，インターネットから必要な情報を探し出す，などといった様々な形で同様の活動が営まれている．したがって，学校現場に限らず人々の学習活動をとらえる上で，テキストからの情報をいかに獲得していくか，という問題は重要な課題であるといえる．

　学習を目的としてテキストを読む場合には，テキストベースの理解（テキストの記憶）と状況モデルの構築（テキスト内容を用いた情報処理）が考えられてきた．テキストの記憶とは「内容を憶えているか」という知識の保持であり，テキスト内容を用いた情報処理とは「内容を利用できるか」という知識の利用可能性と言い換えられる．前者は「テキストの学習（learning of text）」，後者は「テキストからの学習（learning from text）」とよばれることもある．

　テキストを用いた学習に影響を及ぼす要因として，学習者の特徴とテキストの特徴の両方を考慮する必要がある（深谷，2001）．テキストの側からアプローチする方法は，入力刺激であるテキストの構成やデザインなどを変えることによって，成果を高めようとするものであり，1.1.1で述べた行動学的な捉え方だといえるであろう．たとえば，前置き文や接続詞，イラストなどを加えたり，見た目のデザインを工夫したりすることが挙げられる．このように，テキストに手を加えることによって学習者の理解を支援する方法は，学習者にとっての負担が少なく，効果が期待できるという利点がある一方で，想定される様々な学習者に合わせてすべてのテキストを加工するということは現実的に不可能であるという問題がある．

　一方，学習者の側からアプローチする方法は，入力された刺激をどのように受け取り，処理していくかという認知科学的な視点であるといえる．この例としては，背景にある個々の既有知識の量や質という学習者の特性，読解に際してとられる方略などが挙げられる．学習者が読解をうまく進められるように訓練することは容易ではなく，多くの労力と時間を必要とするが，様々なテキストに対して応用可能であるという利点を持つ．

　このようにどちらの視点によるアプローチもそれぞれ長所と短所があり，

片方だけを工夫することによって解決できるものではない．したがって，学習場面において大きな役割を果たすテキストを用いた学習活動をより効果的に成立させるためには，テキストそのものを含む教授者側と情報を受け取る学習者側という双方からのアプローチが必要とされていると考えられる．

第 2 章　先行研究

　第1章では，教授・学習活動をめぐる変遷と現在の状況について述べた上で，研究対象として設定したテキストを用いた学習場面について概観した．
　学習者を取り巻く環境や学習観の変化の中で，現在の学習者に求められるものは，ただ知識を獲得することだけではなく，どのような情報をどのように獲得するかといった面にまで拡大している．しかし，実際に教授・学習場面においてとられている行動は，個人の習慣としてとられているものが多く，その中にどのような方略が含まれており，どのような効果をもっているのかといった点について，理論的背景をもとにした議論は十分に行われていない．
　そこで，これらの行動の理論的背景について検討するために，本章では，関連する分野における先行研究についてまとめることとする．本研究に関連

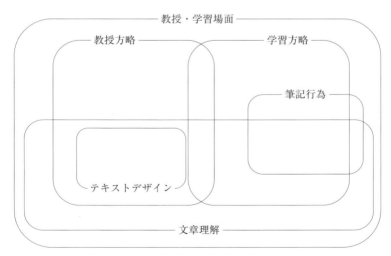

図2-1　関連する分野の位置づけ

する分野は，図2-1のように構成されており，教授・学習方略，文章理解といった大きなテーマが重なりあっている．その中に，テキストデザインや学習中の筆記行為などが含まれる．これらのテーマについて順に述べていくこととする．

第1節　教授方略

2.1.1　教授方略の分類

　教授方略とは，「教授目標」を達成するために，どのような学習環境を整え，どのような働きかけをするかについての構成要素と手順の計画（鈴木，2000）である．教授方略を実現するための，より具体的な教授方法のことを特に教授方策（方術）と呼んで区別する場合もある（鈴木，2000）．

　ある教授方略が効果的であるためには，適切な学習課題に対して用いられていることと，教授方略として外から与えない場合は学習者自身では同等の学習方略を自主的に駆使できないこと，の2点が満たされる必要がある（鈴木，2000）．そのため，教授方略はそれぞれの課題に応じて分類されている．教授方略を分類する際には，いくつかの方法がある（Morrison et al., 2001など）が，ここでは鈴木（2000）にならい，1つの例としてGagné & Briggs (1979)による学習成果のカテゴリーにそった分類法を紹介することとする．このカテゴリーは，学習成果として期待される目標のカテゴリーであり，知的技能（手続き的知識），言語情報（宣言的知識），認知的方略（学習スキル），態度，運動技能の5つに分けられている．

　知的技能（手続き的知識）の学習とは，学んだルールなどを未知の例に適用する学習課題である（鈴木，2000）．知的技能の教授方略としては，練習とは異なる新しい例を用いること，単純で基本的な事例からより複雑で例外的な事例へ段階的に進ませること（鈴木，2000）などが挙げられる．

　言語情報（宣言的知識）の学習とは，一度接した名前や記号，史実などの

各種データを覚えて，それを思い出す作業である（鈴木，2000）．言語情報の教授方略としては，イメージ化させること，今までに知っている情報との関係を示すことにより，既に形成されている情報ネットワークへの情報追加を助けることなどが挙げられる．

認知的方略（学習スキル）の学習とは，個人の学習，記憶，思考という行動を管理する能力（Gagné & Briggs, 1979）を身につけることである．認知的方略は特に重要な技能であり（Gagné & Briggs, 1979），これを教授するための方略としては，授業や教材の中で学び方の作戦に多く触れること，学習のコツを自分の判断で新しい学習場面での応用を積み重ねることで，自発的に用いることができるように導くこと（鈴木，2000）などが挙げられる．

態度の学習は，情意領域（Krathwohl et al., 1964）と呼ばれる領域に含まれる．態度に，ある人，事物，状況に対する人の肯定的あるいは否定的反応を増幅させる効果を持つ（Gagné & Briggs, 1979）．宿題をするのか遊ぶのかといった選択肢の中から宿題をするという行為を選ぶのは学習への態度である．態度の形成や変容を促すためには，「観察学習」を用いた代理体験のメカニズムを活用したり，学習に対する肯定的な態度を形成することを常に意識すること（鈴木，2000）などが挙げられる．

運動技能の学習には，スケート，自転車に乗ること，縫い物の仕方などといった体育や技術家庭科における学習課題だけでなく，文字を書いたり，直線を引いたり，といった授業科目の中で学習されるものもある．運動技能の教授方略としては，練習を繰り返すことや段階的に練習を進めること（鈴木，2000）などが挙げられる．

このように学習課題の性質によって，教授方略の効果は異なるため，教授方略について考える際にはまず，求められている学習課題について把握することが必要となる．学習は新しい知識と既にある知識との間に意味のある関係を築く能動的な過程である．よく設計された教授方略は，学習者がこれらの関係を作るのを支援するのである（Morrison et al., 2001）．

2.1.2 テキストデザイン

　テキストを用いた学習の多くは，先の分類によると言語情報（宣言的知識）の学習にあたる．テキストに書かれている情報の獲得を助けるための教授方略の1つとして，テキストのデザインを挙げることができる．

　Jonassen(1982)は，テキストの設計について，内部設計と外部設計の2つに分けて論じている．内部設計とは，文章自体をどのように構成するか，というテキストの組み立て方に関することであり，外部設計とはテキストをどのようにレイアウトし，表示するかという外観のデザインを指している．Duchastel(1982)は，外部設計としてのテキストの表示法の重要性を述べており，テキストの表示形式によって，適切な読解方略の選択を読み手に促し，内容理解も高めることができるということを示している．また，Winn(1993)によると，テキストの外観としてのレイアウトは，内容構造に関する多くの情報を伝えるものであり，重視されるべきだという．関・赤堀(1996)もまた，テキストのレイアウトは，外観上の見栄えだけでなく，内容伝達の成否にも大きく影響すると述べている．そのため，テキストの書き手はこのことを認識して，内容となる文章に加え，そのレイアウトについても相応の配慮をする必要があるということである．テキストの効果的なレイアウトについて報告したものとして，以下のような例が挙げられる．

(1)キーワードの強調

　テキストの外部設計の1つとして，テキストにプロンプト（キュー）やシグナルをつけることが挙げられる．これらの方法は，読み手が重要なポイントをはっきりさせるのを助けるために，書き手が用いる仕掛けである（van Dijk & Kintsch, 1983）．先行研究においては，プロンプトやキュー，シグナルといった言葉が用いられているが，これらはすべて学習者の理解を正しい方向へ導くための仕掛けであり，ほぼ同義であるとみなすことができる．そこで本研究では，出典における表記に関わらず，「プロンプト」という言葉で

統一することとする．

　プロンプトには様々なタイプのものがあるが，読み手の注意を導くという目標は一致している（Golding & Fowler, 1992）．多くの研究結果によると，プロンプトは記憶には影響があるが，テキスト全体の再生を向上させるのではなく，プロンプトをつけられた情報の記憶に反映される（Hartley et al., 1980; Glynn, 1978など）という．日本語テキストの読みにおいても，テキスト中のキーワードを強調することによって内容理解を促進するということがSeki et al.(1993) の行った実験によって明らかになっている．

　van Dijk & Kintsch (1983) はこのような印刷上のプロンプトを方略的テキスト処理のモデルから捉えている．この考え方によると，このようなプロンプトが記憶を促進するのは，プロンプトをつけられた情報が読み手の予想と一致した時のみである．Golding & Fowler (1992) の研究でも，プロンプトをつけられた情報に関するテストを予想した時にのみ，プロンプトの存在は再生成績を高めた．多くの場合，熟練された読み手は，読みに際してとる方略を様々な方略の中から決定する（Paris et al., 1983など）．したがって読み手の予想や目的によって，何らかの方略の使用が導かれ，その方略がプロンプトをつけられた情報の処理を高め，記憶が促進されるということになる．

(2)箇条書

　Gribbons (1992) は，テキスト中の情報の構造を階層構造とリスト構造の2つに分け，情報の構造別にテキストデザインについて述べている．階層構造のテキストというのは，より包括的な上位情報のもとに，いくつかの下位情報が配置され，段階的な構造が作られたものである．一方，リスト構造をもつテキストでは，セットになる複数の情報が並列的に提示される．関・赤堀 (1994) によると，一般に多くのテキストは，階層構造を骨格とし，その下位構造としてリスト構造を部分的に組み込んでいるという．

　この2つの構造のうち，階層構造に関連づけて，テキスト理解をとりあげ

た研究は多い．たとえば Meyer らの一連の研究 (Meyer et al., 1980; Meyer & Rice, 1982) をはじめ，Kintsch & van Dijk (1978)，Spyridakins & Standal (1986)，Cook & Mayer (1988)，Lorch et al. (1993) などが挙げられる．これらの研究によれば，階層構造の上位にある情報ほど，テキストの読解の際に読み手に利用され，それらの情報の理解や記憶は下位情報よりも促進されることが示されている．また，(1)において述べたプロンプトは，このようなテキストの構造を強調するという役割を持つ．

一方，リスト構造に着目した研究は多くない．リスト構造を持つ情報群は常にリストの形で提示されるとは限らず，文中に埋没していることもある．このような構造を持つ情報群を効果的に提示するためには，どのようなデザインが考えられるのであろうか．関・赤堀 (1994) はこのようなリスト構造を持つテキストのデザインについて検討し，リスト構造をもつ情報をテキスト中に表現する時に，箇条型の提示をすることにより，読み手の読みやすさと内容理解を高めるということを明らかにした．この結果は，キーワード強調と箇条書とを組み合わせて，双方の影響について検討した関 (1997) の結果とも一致している．この研究では，Seki et al. (1993) などと同様に，キーワードを強調することにより，その部分の再生成績が高まったのと同時に，強調していない部分の再生については，箇条書のテキストが効果的であった．これらの結果から，箇条書の利点としては以下のようなことが挙げられる (関・赤堀，1994; Seki, 2000)．

・文章の構造を，あらかじめ読み手に知らせることができる．
・項目を視覚的に分節化しているため，項目ごとに内容の体制化と記憶を促す．

このような長所により，埋没形式のレイアウトに比べて，テキストの内容把握を容易にするのだと考えられている．

また，テキストの構造を理解することにより，読み手は素早く，そしてより選択的にテキストを見直すことができるようになる (Dee-Lucas & Lakin,

1995; Hartley, 1993)と考えられている．したがって，箇条書テキストは情報の埋没したテキストに比べ，ポイントに容易にアクセスでき，内容理解にかかる時間が少なくなる（Seki, 2000）という効果もあるのだと考えられる．

(3)段落設定

　Corbett (1990) によると，段落を設定することにより，内容のまとまりが視覚的に分節化され，文章の構造が把握しやすくなるということが明らかになっている．なお，我が国のテキストの段落設定の効果について考える際，日本語テキストと英語テキストの間には，それぞれの言語や文化にもとづく構造的な違いがあることを考慮しなければならない（関・赤堀，1996）とされている．これは，一般的に日本人は段落の概念が希薄で，それを単位にして論理を展開していくことが苦手である（外山，1973）ためである．たとえば「起承転結」にみられるような日本語テキストの展開は，英語のものとは異質であることが指摘されている（Mackin, 1989）．しかし，このような日本語テキストの読解においても段落を設定することにより内容理解を促進する効果が報告されている（関・赤堀，1996）．この理由として段落設定による文章の分節化が，以下のような読解方略を被験者に促し，内容理解を促進する結果を生み出したのだと考えられている．

・段落ごとに，内容を体制化し，それぞれのポイントを把握する．
・段落間の関係を考慮し，それをもとに文章全体の構造を理解する．

　以上のように，テキスト読解時の教授方略の1つとして，テキストの内容が同一であっても様々な外見上のデザインによって，読み手の理解に影響を与えるということが示されている．このようにデザインを工夫することは，テキストを用意する側にとって重要な課題となるであろう．しかし，様々な読み手の存在を考えた時に，それぞれにふさわしいデザインをすべてのテキストに対して施すことは現実的に不可能である．また，テキストによって導

かれることに慣れすぎてしまうことによって，学習者が自分自身でこれらの判断をすることができなくなることにつながるという恐れもあるということに留意する必要がある．

第2節　学習方略

2.2.1　学習方略とは

　従来「学び方」は学習法（learning method）／勉強法（study method）として研究されてきた．ところが，近年学習を促進するための効果的な学習法・勉強法を用いるための計画，工夫，方法を指す学習方略（learning strategy）という言葉が用いられるようになった（辰野，1997）．学習方略とは，効果的に学力をつけるための学習上の作戦であり（藤澤，2002a），学習者が自らの特性と課題とを考慮に入れて，効果が最大限に上がるように意図的に工夫しているものである（市川，2000）．同様の意味を持つ言葉としては，学習タクティックス（learning tactics），学習スキル（learning skill），学習スタイル（learning style）などが挙げられる．学習方略が総合的な計画や方法を示すのに対し，学習タクティックスとは，特定の学習目的を達成するための具体的な手段や方法であり，実際の学習活動には両者を含んでいる（辰野，1997）．また学習スキルとは，知識や技術の獲得，理解の促進のために個人がとる行為を指し（Palincsar & Collins, 2000），学習方略とほとんど同義であるが，一般的に有効なものとそうでないものとがあり，学習者は習熟して有効な方法を身につけることが望ましいという語感がある（市川，2000）．このように，学習活動に関するこれらの言葉はそれぞれに個別の意味を含むこともあるが，一般的にはあまり区別されずに用いられているのが現状である．

　学習環境が多様化してきたことに伴って，「何をどのように学ぶか」への関心が高まり，学習方略の適切な利用もより求められるようになってきている．しかし，現在の日本の学校では，学習方略が系統的に教育されるように

はなっていないために，各人が試行錯誤で学習方略を習得していかねばならず，活用の度合いには個人差がある（藤澤，2002a）と言われている．

また，学習方略の利用と非常に関連した能力として，メタ認知能力と呼ばれるものがある．メタ認知能力には自己制御能力，つまり自身の学習を統制し，計画し，遂行をモニターし，適切な時にエラーを修正する能力も含まれており，これらはすべて効果的な意図的学習にとって欠かすことのできない重要な能力である（Bereider & Scardamalia, 1989）．藤澤（2002b）によると，自律的な学習者は，学習の目標，内容，教材，方法，量，実施時期，評価等を，親や教師等の指示にしたがって決定するのでなく，学習方略に関する知識や経験をもとに，すべて自己判断によって決定し，学習を実行する．このような学習者には，メタ認知能力が備わっているといえる．

2.2.2 学習方略の分類

学習方略には，課題や学習の段階に応じて様々なものがあり，Weinstein et al. (1986) は，学習方略を以下の5つに分類し，具体的な方法について紹介している．

(1) リハーサル方略

記憶材料の提示後にそれを見ないで繰り返すことである（辰野，1997）．具体的な方法としては，逐語的に反復する，模写する，下線をひく，明暗をつける，などが挙げられる（Weinstein et al., 1986）．

(2) 精緻化方略

イメージや既知の知識を加えることによって学習材料を覚えやすい形に変換し，本人の認知構造に関係づける操作である（辰野，1997）．具体的な方法としては，イメージあるいは文をつくる，言い換える，要約する，質問する，ノートをとる，などが挙げられる（Weinstein et al., 1986）．

(3) 体制化方略

学習の際，学習材料の各要素がばらばらではなく，全体として相互に関連

をもつようにまとまりをつくる方略である（辰野，1997）．具体的な方法としては，グループに分ける，順番に並べる，図表を作る，概括する，階層化する，などが挙げられる（Weinstein et al., 1986）．

(4)理解監視方略

学習者が自ら授業の単元あるいは活動に対する目標を確立し，それらの達成された程度を評価して，また必要であれば目標を達成するために用いた方略を修正する一連の過程のことである（辰野，1997）．具体的な方法としては，自問する，一貫性をチェックする，再読する，言い換える，などが挙げられる（Weinstein et al., 1986）．

(5)情緒的（動機づけ）方略

学習者が自ら注意を集中し，学習に伴う不安を制御したうえで学習意欲を維持し，さらに時間を効果的に用いるようにとる工夫のことである（辰野，1997）．具体的な方法としては，不安を処理する，注意散漫を減らす，積極的信念をもつ，などが挙げられる（Weinstein et al., 1986）．

2.2.3　学習方略の選択

2.2.2で述べたように学習方略には様々なものがあるが，それぞれの方略は，正確さや遂行のための時間，処理要求，他の課題にも応用できる範囲が異なっているため，そのことを考慮したうえで最も適した方略を選択する必要がある（Commission on Behavioral and Social Sciences and Education National Research Council, 1999）．学習方略を選択するにあたり，どのような要因があるのだろうか．北尾（1991）によると，次の3つが挙げられるという．

(1)学習者の個体的要因

特別な援助や指導がなくても，自発的に効率のよい方略を用い，優れた成果をあげる子どもがいる一方で，そうでない子どもたちもいる．これらの違いは，子どもの認知的能力の発達差によるものだといえる．

(2)課題要因

学習課題の性質によって効果的な方略が異なるため，課題の性質を学習者が識別し，それに応じた方略を採用する．

(3) 指導法の要因

教育の場においては指導によって効率のよい方略を採択するように促す必要がある．単に学習成果を向上するという観点だけにとらわれず，より効果的な学習方略をとらせるためにはという観点からも検討する必要がある．

方略選択の要因となる学習者の個体内要因の1つとして，上記に挙げられた発達差の他に，学習とはどのようにして成立するものかという考え方（学習観 concept of learning）が挙げられる．近年は，こうした学習観や学習動機という面から，どのような学習方略がとられるかを明らかにし，自己学習力を促す指導に生かしていこうという動きがみられる（市川，2000）．

植木（2002）はこの観点に基づいて，高校生の学習観の構造を明らかにしようとした．その結果，市川（1995）によって提案された「方略志向」「学習量志向」の他に，学習方法を学習環境に委ねようとする「環境志向」という3種類の学習観が見出された．さらに，認知的方略の1つである精緻化方略については，「環境志向」の学習者が「方略志向」の学習者と同程度に利用すると回答した．それに対し，理解状況を自己監視する制御的方略については，「環境志向」の学習者は「学習量志向」の学習者と同程度にしか使用しないという結果がみられた．

また，佐藤（1998）は，学習方略の有効性やコストの認知，好みによって方略の使用に及ぼす影響について質問紙調査を行った．その結果，学習方略の有効性を認知し，好んでいる学習者ほど使用が多く，コストを高く認知するほど使用が少ないことが明らかになった．また，学習のすすめ方を自己の状態に合わせて柔軟に変更することによって学習を促進したり，学習計画を立ててから学習に取り組むことによって学習を促進する「メタ認知的方略」は，作業や対人関係を中心として学習を進めたり，個人内の認知的な活動によって学習を促進させる「認知・リソース方略」に比べて，コストを高く認

知されることにより，あまり使用されないということが明らかになった．一方，メタ認知的方略を多く使用する学習者は，コストの認知の影響を受けにくいことから，メタ認知的方略の認知を肯定的なものに変化させていくことにより，他の学習方略の使用をも促進することのできる可能性について述べている．

　課題を学習する際にふさわしい学習方略が存在すると考えられる一方で，学習者がそれらの学習方略を実行するとは限らないということが報告されている（Pintrich & Schrauben, 1992）．ふさわしい学習方略が使用されない原因の１つとして，稚拙なルーチン（学習行動）によっても，ある程度の成果があがるということが挙げられる（Garner, 1990）．学習者が不適切な学習行動を選択，使用し，それらが有効であると認識している場合，その学習者がより適切な他の学習方略をとることは困難である．Borkowski & Muthukrishna (1992) は，直接的な学習方略のレパートリーの教授だけでは，学習者の自己調整学習に結びつかないことを指摘している．そして，学習者と教授者は，協力して学習者が獲得しようとしている方略的スキルの重要性に対する意識を育て，教授者は学習者が目的に合わせて柔軟に方略を選択するのを助けなければならないと述べている．

2.2.4　テキスト読解時の学習方略

　我々はテキストを読んで学習する際に，様々な方略を用いる．深谷（2002）が大学生106名を対象として行った実験によると，普段とられている読み方略として最も多く報告されたのは，「繰り返し読む」ことであり，被験者のうち約８割が用いていると答えた．次に約５割が「アンダーラインをひく」ことを挙げ，２，３割が「自分の言葉に言い換える」「例を思い浮かべる」と回答した．また，教科書などを読んで，その内容を理解し，記憶するための効果的方法としてRobinson (1961) が提唱したものに「SQ3R法」と呼ばれる方法がある．この方法は，以下の５つの段階から成り立っている．

(1)概観する（Survey）：読み始める前に全体の内容を知ろうとする．
(2)設問する（Question）：各見出しを質問に置き換える．
(3)読む（Read）：質問に答えるつもりで読む．
(4)復唱する（Recite）：読み終わったら書物から目を離し，質問に自分の言葉で答える．
(5)復習する（Review）：記憶を確かめるために，書物やノートをふせて主な点を思い出してみる．

　SQ3R法そのものの有効性については十分に支持されていないが，山口(1985)は，自問自答中に学習者は何を覚えるべきかを決定したり，選択したり，いわば質の高いリハーサルをすることが可能となることによって学習中の復唱が効果を持つ可能性について述べている．

　一方，「読みは，学習者の中に入ってくる情報を操作する変換（符号化）の過程であり，外からは観察できない内的な認知過程である」という主張の下に読解中の方略をとらえたのは，Cook & Mayer (1983) である．彼らは読みの過程を選択，獲得，構成，統合という4つに分け，それぞれの段階において以下のような方略がとられると述べた．

(1)選択：文章中の特定の情報に注意を集中させる（辰野, 1997）ために，下線を引いたり，逐語的にノートをとったり，明暗をつけたりする．
(2)獲得：選択した情報を長期記憶に移すこと（辰野, 1997）を促進するために，反復読みをしたりする．
(3)構成：文章から獲得したアイデアの間に，内的結合を形成する（辰野, 1997）ために，大要をまとめたり，文章中のアイデアを比較したりする．
(4)統合：関連のある既有の知識を明らかにし，新たに文章から獲得したアイデアとそれらとの間に外的結合を形成する（辰野, 1997）ために，有意味化や関係づけを求める質問をしたり，ノートをとった

りする.

これらの様々な方略を総括的にとらえ，方略間の相互関係を示す全体的な構造を把握しようとした研究として犬塚（2002）は，説明文特有の読解方略に焦点をあて，具体的な認知活動を表す構造をモデル化した．その結果，読解方略の構造として，「部分理解方略」「内容学習方略」「理解深化方略」という3つの潜在変数があり，これらはさらに上位の「方略使用傾向」による影響を受けることが示された．また，「部分理解方略」の下には「意味明確化」「コントロール」，「内容学習方略」の下には「要点把握」「記憶」「モニタリング」，「理解深化方略」の下には「構造注目」「既有知識活用」というそれぞれの下位カテゴリが示された．またこの研究では，これらの方略使用の発達についても検討している．その結果，「部分理解方略」のような基礎的な方略は，読みの熟達や背景知識をそれほど必要としないため，学年の低い読み手でも使用できるが，「理解深化方略」因子のもとにまとめられるような，より高度な方略は，大学生のような読みに熟達した読み手でないと活用しにくいという．また，一度学習された方略は，年齢が高くなっても使用され続けることから，方略が推移していくというのではなく，レパートリーを豊かにしていくという意味での発達過程を示唆するものであることも示している．

以上のように，様々な学習方略を分類し，体系化しようとする研究が多く報告されている．しかし，これらの研究では，分類された方略ごとに行動が挙げられているために，まず方略について認識する必要があり，学習活動を支援するための具体的な提案に結びつきにくいと考えられる．また，多くの先行研究では，分類された方略と行動とが本当に結びついているのか，学習者にとって効果的なのかといったことへの検証が不十分である．そこで，それぞれの行動の側からその中に含まれる役割や有効性を明らかにすることにより，行動と方略との関係がより明確になり，学習者がより利用しやすい成

果を提案できると考えられる．

第3節　文章理解

2.3.1　スキーマの役割

　文章の記憶現象を扱った最も古典的かつ代表的な研究として，Bartlett（1932）の研究が挙げられる．彼は，それまでの無意味つづりを暗記させるような記憶研究ではなく，意味のある文章を用いることによって，自然文脈における言語処理と記憶の心理過程について研究しようとした．この研究は，イギリス人の大学生に，北米インディアンの部族の民話を記銘させ，長期に渡ってその記憶を調べたものである．この結果，被験者は民話を再生する際に，自分の持っている知識に適合させて再生する傾向を示した．このように情報の認知や記憶が依存している過去経験の体制化された構造はスキーマ（schema）と呼ばれた．その後しばらく文章記憶研究はあまり多くは行われなかったが，1960年代に入り，認知心理学がさかんになるにつれ，文章記憶研究が活発に行われるようになった．そして，文章理解時に活性化されるスキーマに適合しない情報が省略されたり，歪曲されたり，新たな情報が付加されたりすることを示した研究（Bransford & Johnson, 1973; Spiro, 1977; Sulin & Dooling, 1974など）が報告された．

　また，このようなスキーマの効果は，記憶検索の時ではなく理解の際に生じているということも実験的に示された．Bransford & Johnson（1972）によると，スキーマの活性化を促す表題や図は，文章の提示前に与えると記憶成績を向上させるが，文章の提示後に与えても効果がみられなかった．しかし，記憶検索時にスキーマの効果がないというわけではない．Anderson & Pichert（1978）は，被験者に物語をある観点で読ませ，一度その物語を再生させた後，別の観点から同じ物語の再生を行うと，1回目に再生されなかったかなりの情報が報告されることを報告した．これは，2つめの観点によっ

て別のスキーマが活性化され，それによって1回目には検索できなかった情報が検索可能となったためであると解釈された．

このような文章記憶に及ぼすスキーマの効果が論じられる一方で，スキーマの種類や構造，その内容を積極的に記述し，それに基づいて文章の理解や記憶を説明しようとする研究もさかんに行われるようになった．その代表的なものが物語文法やスクリプトとよばれるものである．

物語が設定やテーマなどといった一定の構造を持っているという考え方に基づいて，Thorndyke (1977) は，物語の記憶表象は物語文法にしたがって形成される階層構造的表象であると仮定し，階層レベルの高い位置にある命題ほど再生されやすいことを示した．

一方スクリプトというのは，ある特定の状況で生じる一連の行動の系列についての知識である (Schank & Abelson, 1977)．スクリプトによって理解された文章の記憶現象について Bower et al. (1979) は，スクリプトに含まれているが文章中に明示されなかった出来事は，誤った再生や再認をされやすいこと，同じスクリプトの異なる文章例を多く読むほどその傾向が強まることを示した．また，スクリプトは一連の行動系列から成っているため系列性を持つとともに，階層性をも持つことが明らかになった (Abbott et al., 1985など)．

2.3.2 記憶表象のレベル

van Dijk & Kintsch (1983) によると，文章の記憶表象には3つのレベルが存在する．1つめは表層的言語的表象であり，文章中において用いられている単語やフレーズそのものによって特徴づけられる表現形態に関する表象である．秋田 (1998) によると，この表象はすぐに減退し，次の水準に移る．2つめは命題的テキストベースで，テキストに含まれる個々の命題を中心として構築される意味の表象である (van Dijk & Kintsch, 1983)．読み手は，接続詞や繰り返し使われる語に着目し，この要点構造を構成している（秋田，

1998).そして,3つめは状況モデルで,文章それ自体にとどまらずそこで描かれている状況全体の表象である.彼らの理論によると,理解できたときの文章の記憶表象にはこれら3つのレベルすべてが含まれているが,理解できないときの文章の記憶表象は3つのレベルすべてが含まれているわけではなく,おそらく表層レベルと命題レベルの一部しか含まれていないと考えられる(邑本,1998).

2.3.3 認知科学における"読み"の捉え方

　私たちが日頃いとも簡単にやってのけている読みの課題は,実は多くの認知技能を必要とする複雑な認知的課題である(Bruer, 1993).文の読みには,語彙レベル,統語レベル,意味レベルなど,さまざまな種類のあいまい性がかかわる.読みとはそのあいまい性を解消していく過程ともいえる(黒沢,2001).読みという行為を成立させるためには紙上に印刷された記号から意味を構成し,長期記憶に蓄えるところまで進めていくことが求められるのである.

　この過程は,Bruer (1993) によると以下のような流れで行われるとされる.まず,読み手は,入力された情報について単語レベルの処理を行う.テキストに書かれている単語を,自分の長期記憶の一部に蓄えられた単語のパターンと視覚表象を対応させるのである.次に,読み手は命題や文法的知識を用いて,それらをより長い意味の単位へと結合し始める.これが,言語的,文法的処理と呼ばれる過程である.さらに,次のテキスト・モデリングの過程において,読み手は個々の文の中に含まれる情報を統合し,関連づけて,文章全体の心的表象を作る.

　このように,我々がテキストを読む際には,単語レベルの処理からテキスト全体の意味処理に至るまで,個々の長期記憶の中に蓄えられている知識を用いながら進められている.それぞれの情報についてこのような過程を繰り返しながら,情報が構築されているのである.さらに,このように処理され

た情報に対して，どの程度理解されているのか，意味は通じているのかなどについて確認するメタ認知的モニタリングの段階が存在する．テキストを読む過程においてどのような方略が用いられるのかは，このメタ認知的活動の1つであるといえる．

2.3.4 メタ認知的活動

私たちは，文章を読むとき，自分が理解しているのかどうか，わかることとそうでないことは何か，など考えながら読んでいる．理解状態を評価・吟味する働きをモニタリング（monitoring；監視）といい，それに基づいて次の読み行動を制御（control）・調節（regulate）している．このように，認知のプロセスや状態を評価し調整することは，一般にメタ認知的活動とよばれている（大河内，2001）．高校生以上になると，理解のつまずきを直すために，読み直す，先に進む，既有知識を使う，推論する，質問を生成する，など複数の方略を並行して利用しているようである（Kletzien, 1991）．

方略をどのように使用するかに関しては，個人差だけではなく，個人内でも差がみられる（Goldman & Saul, 1990）．たとえば，熟達者や大人を対象にした多くの研究によると，読み手がテキストの内容・構造，読む目的などに応じて方略を柔軟に使用していることがわかる（Presseley & Afflerbach, 1995など）．

Cote et al.(1998) は，小学校4，6年生の発話プロトコルから，説明文読解中の活動には，「言い換え（paraphrases）」「精緻化」「モニタリング」がみられることを示した．言い換えは，もとの文の単語の並べ替え，フレーズの繰り返し，同義語による置き換えを行うことである．精緻化は，知識を用いて自分のことばで説明したり，経験を連想したり，因果を推論したりすることによって，もとの文を修飾することである．モニタリングは，文のわかりやすさや馴染み深さの評価や，理解や予測の確認を含む．Palincsar & Brown(1986) は，初心者の特徴として「ざっと目を通すだけの，見通しの

ない，焦点化されていない読み」であると述べているが，適切な方略を用いることができていないことを示しているといえるだろう．

このように，読解の成果を高めるために，様々な方略が用いられている．なお，読解時の方略に関する具体的な行動については，2.2.4において述べた通りである．

文章理解に関する研究は非常に広い範囲にわたるため，本研究と関わりの深いものを中心として述べてきた．学習者の読み活動を支援する方法について考える際には，先に示した読解時の情報処理過程のうち，どの過程における活動を助けるのかを明らかにした上で取り組むことが効果的であると考えられる．このうち，何らかの学習行動を方略としてとることによって読解を助けるのは，メタ認知的活動にあたる．したがって，それぞれの行動がメタ認知的活動の中で果たしている役割を明らかにすることによって，読解活動そのものを支援することができるのである．

第4節　筆記行為

2.4.1　筆記行為の捉え方

我々は何かを学習する際に，テキストを読みながら書き込む，覚えるために何度もくりかえし書く，授業中にノートをとるなどといった筆記行為を行うことがしばしばある．これらの筆記行為は，「学習方略」の1つとして取り上げられることが多いが，学習者が何らかの方略性をもって行っているとは限らないため，必ずしも学習方略としてとらえることのできない場合がある．たとえば，習慣やクセなどによって書いているものの，その目的が明確でない時などである．そこで，学習方略の中に含めるのではなく，独立したものとして扱うこととする．

2.4.2 書き込み

北尾（1991）は，「書き込み」として印刷文にアンダーラインなどのマークを書き込む，印刷文の行間に語句や短い文を書き込む，別のシートやノートに要点や気づいたことを書き込むという3つの場合を挙げている．そしてそれらをまとめて，テキストを読みながら何らかの書き込みを行うことの有効性を3つの立場から述べている．

1つめは，読み手の注意を学習材料に向けさせ，注意を維持することができるという点，2つめは書き込みによって，より深い処理を行おうとする心的努力が引き出されるという点，そして3つめは書き込む際に言い換えや要約や追加などを行うので，書かれていること以上のことを生成することができるという点である．齋藤（2002）も，文章を読む際に線を引こうとして読んでいれば，自然に文章を読むことに身が入ってくると述べている．手を動かして線を引くという肉体的な行為によって，文章に自分を関わらせる度合いが格段に強くなってくるのだという．

しかし，行為の有無とその目的とが必ずしも対応していないこともある．藤澤（2003）は，下線をひく，マークをつける，ノート整理をする，などといった方略が中学高校時代に多くとられた方略として挙げられることを確認している．しかし，これらの方略をとる理由としては，情報検索，体制化などといった本来の目的ではなく，「学習の証拠が残せる」からといったアリバイのための方略になってしまっているのではないかと述べている．たしかに，行為の結果が目に見える「書き込み」を行うことによって，北尾（1991）の述べたような効果の有無を確認することなく，学習したという錯覚を覚えてしまいやすいという一面はあるようだ．このように，「学習の証拠を残す」ためだけに書き込むといった利用の仕方をすれば，本来期待できる効果を果たすことはできなくなるであろう．

なお，テキスト（印刷文）に下線を書き込むという行為については2.4.5において，ノートに（要点を）書き込むという行為については2.4.4において詳

述する.

2.4.3 覚えるために書くこと

Itoh (1983) は，メディアの多重提示による効果を示した上で，情報の受け手である学習者が目，手，耳など，できるだけ多くの情報伝達機能を利用することによって，学習成果が高まると述べた．また，Arkes et al. (1976) は，学習材料をそのまま手書きで書き取る方法による効果について検討した．その結果，模写させることでも再生成績が高まるが，学習時間が3倍近くかかるという結果が得られた．このように考えると，「書く」という行為に学習を促進する一面があると考えられるが，学習に際してかけられた時間の長さによる影響も否めない．

佐々木・渡辺 (1983) は，「空書」と呼ばれる空中や机の上などで字を書くような行動の機能について実験的手法で検討した．その結果，実験材料として用いた漢字が，児童期からの書字学習の結果，運動感覚的な成分を伴った形で表象化されており，そのような表象型の存在が，再生時の空書の自発を導くとともに，空書が許可された条件での高いパフォーマンスにつながったと述べている．また，佐々木・渡辺 (1984) では，このような行動が見られるのは日本人や中国人であると報告している．

日本語や中国語などの言語では，非常に多くの数の文字を覚える必要があり，伝統的に，そしておそらく効果的な方法として，繰り返し書くことが用いられている (Naka, 1998). 小野瀬 (1987; 1988) によると，ひらがなや漢字を日本の子どもが学ぶとき，なぞる指導よりも書く指導が行われることが多い．Naka & Naoi (1995) は，日米の大学生を対象として，意味のない素材を書いて学習することは，見ることによって学習した時よりも，高い再生成績につながるということを示した．

繰り返し書くことの効果は2つの点から考えられている．1つは書き順による効果であり，一画一画の方向や連続性を規定すると言われている (Margolin, 1984).つまり，正しく構成するという方略によって効率がよくなり (van Sommer, 1984), 通常の書き順を利用することで意味のある構造を構成するのを助けることができる（Goodnow, 1977)．2つ目の点としては，書くという行為そのものによる効果であり，書かれた素材に注意を払い，イメージをつくり，イメージの再生産を行い，自分で書いたものから視覚的なフィードバックを受ける，という過程に含まれる（Thomassen & Teulings, 1983)．

Naka & Takizawa (1990) が小学校 1，3，5 年生を対象として行った実験においても，書いて覚えることによって，見るだけで覚えるよりも再生成績がよくなった．また，なぞるように指示されたり，書いたものをフィードバックされなかったりした場合には，書くことによる有効性が減少したが，間違った書き順で教えられても効果は変わらなかった．このことから，書き順による効果より，書くという行為による効果が大きいと考えられた．またこの研究において，覚えるために繰り返し書くことが無意味素材の記憶に有効であることが示された．これは，意味のない素材を覚えるためには，意味に関するもの以外の構造を用いて体系づける必要があり，書くことによって描写したものを統合することができたからであると考えられた．

以上の結果から，繰り返し書くということは，Klatzky (1980) のいう視覚的なリハーサルであり，素材を視覚的に表現する効果があるのだと考えられる．

2.4.4 ノートテイキング

講義が教授活動において主な役割を占める教室場面において，講義の内容を効果的に身につける能力は重要である（Carrier et al., 1988)．そのような状況において，ノートテイキングは重要な方法であろう．Palmatier & Bennett (1974) の調査によると，223名の大学生のうち，99％が講義中にノートをとると答えており，Carrier (1983)，Carrier et al. (1988) などの調査においてもノートテイキングは多くの大学生に用いられ続けている．

ノートテイキングの効果について説明する理論として，符号化（Di Vesta & Gray, 1972）の役割として分析される処理理論のモデル（Craik & Lockhart, 1972）と，外部貯蔵（Di Vesta & Gray, 1972）の役割として分析される記憶の情報処理モデル（Ladas, 1980）という2つがある．

　Kiewra (1985) は，ノートテイキングを処理理論から分析した．この理論によると，刺激を入力するために利用される認知処理の深さによって情報の保持は影響されるという．そのため，ノートを見直す機会がなくても，ノートをとることは理解や再生に反映されるという考え方をする．

　ノートテイキングにおける符号化機能を左右するものとして，教授者によるものと学習者によるものがある．教授者によるものとしては，講義の特性やプロンプトの使用などが挙げられる．学習者によるものとしては，認知処理のタイプや深さといった学習者の特徴（Craik & Lockhart, 1972）などがあろう．まず教授者は，学習者の注意をひき，講義内容を構成し，ノートテイキングへのモチベーションを高めるためにプロンプトを与える．それに対して学習者が反応し，ノートに記録するという行為を始めると，重要な情報を選び出し，既有知識と関係づける「探索・連想」行動に入り，情報が符号化される（Ladas, 1980）．このようにして講義の内容は長期記憶に貯蔵されるのである．

　一方，外部記憶装置としてのノートテイキングは，後で見直すために情報を貯蔵しておくという考え方である．したがって，ノートをとることそのものが再生を高めるという効果は持つわけではない．Rickards & Friedman (1978) などにおいても，再認テストや逐語再生のテストでは，ノートを見直してもよいという状況においてノートテイキングによる効果が高まるということが示されている．

　Rickards & Friedman (1978) のように，ノートに書かれたことと書かれていないこととを区別して測定している実験は少ないが，この考え方は広く支持されるようになってきている（Hartley & Davies, 1978）．外部記憶という

考え方では，効果的な再生がおこるのはノートが見直されたことによるもの（リハーサル効果）であるか，ノートに書かれていることをもとに再構成されたことによるもの（再構成効果）であるとされているため，情報を区別することは重要である．

なお，学習者は講義中や講義後に，情報を関係づけたり，構成したりする．入力された情報の処理レベルによって，学習者の記憶の中に保持される時間の長さが決定されるため，講義を理解するためには深いレベルの認知処理が必要となる．このように長期記憶の貯蔵には，意味に関する符号化が含まれているのである（Craik & Lockhart, 1972）．

また，ノートテイキングの効果に影響を及ぼす様々な要因についての検討も行われている．まず，どのようなタイプのテストを予想するかによって，ノートをとる量には違いが見られない（Weener, 1974; Rickards & Friedman, 1978）が，ノートの質には違いがある（Rickards & Friedman, 1978）ということが示されている．また，一般的に学習者は，全体の中から重要な項目をノートにとったり，より一般的な概念を再生したりすることが多い（Peper & Mayer, 1978; Rickards & Friedman, 1978）．しかし学習者によって，ノートをとる量には差があり（Weener, 1974），ノートを多くとりすぎる学習者は，主要な概念に絞ってノートをとる学習者よりも再生成績が低くなるという個人差についても検討されている．さらに学習者の能力との関係についても研究されている．講義を聴くことが苦手な学習者はノートをとることを邪魔だと捉えるのに対し，聴くことが得意な学習者はノートテイキングの効果を受けやすい（Peters, 1972）と言われている．

2.4.5 下線をひくこと

多くの人は，テキストのキーワードやフレーズに下線をひくことによって学習が促進されると考えている．我々は教材やノートに下線をひきながら学習することがしばしばあり，教授者が大事なところに下線をひいたものを配

布することもある.

　質問生成,要約,見出しづくりなどといった数ある学習方略の中でも下線をひくことはもっとも普及している(Annis & Davis, 1978; Glynn, 1978)といえる.しかし多くの研究においては,教師や学習者が下線をひくことによって学習効果にもたらされる影響について示すことができていない(Hartley et al., 1980).下線をひくことについての研究結果はしばしば矛盾しており(Faw & Waller, 1976; Rickards, 1980),結論に達していないのである.下線をひくことは他の方略をとったり,何の方略もとらない場合に比べて,特に効果的であるというわけではない(Faw & Waller, 1976; Glynn, 1978; Rickards, 1980)という結果も報告されている.ではどうして下線ひきは多くの人によって行われるのであろうか.通常,下線ひきが一般的である理由として,(1)使いやすい,(2)訓練を必要としない,(3)誰にでも用いられる,(4)学習したり,見直したりするテキストの量を減らす,ということが挙げられる(Blanchard & Mikkelson, 1987).

　下線をひくことの効果について説明する理論としては,行動学的な視点に基づいたものと認知科学的な視点に基づいたものとがある.

　情報がどのように処理され再生されるかよりも,どのような情報が処理され再生されるかに注目した行動学の考え方によると,下線をひくことは,注意とリハーサルという2つの側面から捉えられる.

　注意という捉え方は,von Restorff (1933) に基づくもので,下線をひいたり明るい色をつけたりすることによって,周りの情報から目立たせることになり,その情報が容易に学習できるというものである.例えば,もし,単語の羅列の中で1語だけが異なる色で印刷されていた時に,その語の再生が他の語の再生に比べて高ければ,この効果が働いているということである(McAndrew, 1983).Leight & Cashen (1972) の実験において,重要でない部分に下線のひかれているテキストと下線をひかれていないテキストのいずれかを大学生たちに割り当てたところ,下線部の再生がわずかに向上するとい

うことが示された．しかし，実際には下線のひかれている情報の内容によって，その効果は変わってくるようである．Johnson & Wen (1976) は，必要な部分にひいた下線は明らかに学生の理解を向上させ，的はずれな部分にひいた下線は理解を下げるということを示した．また，Rickards & August (1975) も，無関係な部分を強調することによっておこる負の効果を示している．もしふさわしい箇所に下線がひかれていなければ，齋藤 (2002) が「的外れなところにばかり線が引いてある本は，迷路に迷わされる感じがする」と述べているように，学習者を混乱させる原因になってしまう可能性がある．逆に的確な線のひき方をしてある本は，スムーズに，本の内容を通り抜けるガイドになるという．

　リハーサルという捉え方は，Skinner (1958) によるものである．下線によってその部分の情報を目立たせるのみでなく，読み返すべきテキストの量を減らすことができるため，その後のリハーサルを簡単にするのだという (Blanchard, 1985)．

　認知科学的な視点から学習方略としての下線ひき行動を考えると，教授内容の認知的処理を促進するという符号化機能と外部貯蔵機能 (Di Vesta & Gray, 1972; 1973) という2つの機能が挙げられる．符号化機能として考えると，下線ひき行動は生徒が重要だと考える情報を探し出す探索・選択過程であるといえる (Glynn, 1978)．探索・選択過程は，人間の処理能力の限界と無限に提示される情報量とが一致しないために必要とされる．人間の認知的，情意的な部分が，どのようなきっかけによって探索・選択過程と結びつくのかについては依然はっきりしていない．しかし，これらが結びつくきっかけは，個別のものであり，また慣用的なものであるということははっきりしている (Blanchard & Mikkelson, 1987)．たとえば，下線をひく理由として何らかの態度や考えなどを持っていることもあれば，前もって持っている知識や後に行われるテストのために経験的に下線ひきを行うこともある．さらに，認知的，情意的な決定基準なしに，ただの精神運動活動として下線をひくこ

ともある．探索・選択に成功するかどうかは下線をひく理由に関わらず，下線をひいているときの認知的処理の深さおよび量によるといえる（Morris et al., 1977）．

　外部貯蔵装置としてとらえると，下線をひくことは下線のひかれたテキストが見直された時のみ効果をもつ．見直している過程において，注意を喚起し，さらなる探索・選択過程につながることもある．しかし，下線のひかれたテキストを見直さなかった場合には，生徒の理解や再生に貯蔵装置としての効果をもたらすことはない（Blanchard & Mikkelson, 1987）．

　下線をひくことによる効果がどのようにしてもたらされるかについては，処理の深さという概念を挙げることができる．つまり，深いレベルで処理された情報ほど強く記憶の中に残り，思い出されやすくなるのである．Rickards & August (1975) によると，下線をひくことを許可された被験者のパフォーマンスは，ただ読むだけだった被験者よりも高いものになる．下線をひくという被験者の行為は，深いレベルでの内容の処理を引き起こし，それによって内容の再生が高まったということである．この考え方によると，他人が選んだところより，自分で選んだところの方がよく覚えるということになる．

　Fowler & Barker (1974) は，学習者がテキストに下線をひくことによって，下線をひいた部分の再生は高まるが，下線をひいていない部分の再生は犠牲にされるということを示した．しかし，Cashen & Leight (1970) は，上位レベルで一般的な情報に下線をひいた場合，下線部だけでなくそれ以外も再生が高まるということを示した．これは，上位レベルの文に下線をひくために要される処理の量や深さが，下線部だけでなく下線部以外の再生をも高めているということであろう．この結果は，より一般的で上位レベルの情報は包括したり同化したりする役割を持ち，より特殊で下位レベルの情報を統合するという現代の認知理論を支持している．これらの上位レベルの文は情報の位置する認知地図を作り，下位レベルの文を統合することによって理解を助

けるのである．したがって，学習者が学習に際して下線をひく時，彼らが下位レベルの文よりも上位レベルの文に下線をひけるように，教師の支援が必要であろう．そして，彼らは理解や再生に負の効果をもたらすような，関係のない部分や重要でない部分に書き込むことがないように，訓練をするべきである．

　学習者は細かい部分よりも上位レベルで一般的な情報に下線をひくことを学ぶにしたがって，下線をひく箇所の数が減る．Idstein & Jenkins（1972）やStordahl & Christensen（1956）による好きな数だけ下線をひいてよいとする研究では，下線をひくことによる効果はみられなかったが，下線の数を1段落につき1個と限定した場合（Rickards & August, 1975）には，学生の再生成績は明らかに高まった．このことから，下線の量を制限することは，処理のレベルや深さを深める（Rickards, 1980）といえるだろう．ただし，どの程度の量の下線がふさわしいかというのは，情報の密度や全体の単語数による．

　学生が下線をひく数を統制することにより，読解と下線ひきの過程にかかる時間は短くなる．下線をひくことは，ノートをとったり，地図を描きながら読んだりすることほど多くの時間を必要とするわけではない．しかし，学生たちはこのようにかける時間が短くなることによる負の側面が存在することをも知っておかねばならない．Hoon（1974）によると，被験者が他の行動をとらずに読んだとしても，下線をひきながら読んだとしても，ノートをとりながら読んだとしても，その後学習する時間を与えると，これらの行動のもたらす効果は同等であった．このことから，下線をひくことによって減った読解時間は，下線をひいた部分への学習にあてるべきだといえる．学習時間そのものが事後再生における大きな要因である（Idstein & Jenkins, 1972）ため，下線をひいた部分の学習に時間をかけなければ，効果をもたらさないのである．

　また，下線をひくことの効果について，Klare（1976）が挙げた1つの要因

は，実験に参加する被験者のモチベーションのレベルである．被験者が報酬あるいは興味によって，高いモチベーションで実験に参加した場合，テキストの読みやすさによる違いは見られない．しかし，McLaughlin (1966) によると，高いモチベーションを持っていない被験者は，明らかに簡単なテキストの方が高い得点を示した．このように，もし被験者のモチベーションが高ければ，テキストの読みやすさを変えてもその影響は見られにくい．これに対する説明として，モチベーションの高い被験者は低い被験者よりも，読みやすさの違いをさらなる認知行為あるいは異なる認知行為で補おうとするために，読みやすさの違いが取り除かれるということがある．Craik & Lockhart (1972) によると，認知的分析を多く行うことによって，記憶される内容に深い処理を及ぼし，その結果としてよりよい記憶につながるということである．同様のことは，Meacham (1972) も述べている．それに対し，モチベーションの高くない被験者たちは，必要な認知行為を行わないため，テキスト自体による影響をより受けてしまうのである．

　一方，Fass & Schumacher (1978) は，下線ひきがモチベーションの高い被験者に大きな影響を及ぼすという逆の結果を示した．この理由として，モチベーションの高い被験者でなければ行為が起こらないということが言える．モチベーションの高い被験者たちは低い被験者たちよりも，より適切な箇所に下線をひく傾向が見られた．モチベーションの低い被験者たちはほとんど線をひかなかったか，もしくは不適当な箇所に下線をひき，内容を適切に選ばなかったため，パフォーマンスが低かった（Fass & Schumacher, 1978）という．Rickards & August (1975) も，自分で質問をつくるにしろ，下線をひくにしろ，被験者が自主的にその行為をとったとしたら，実験者がそれらの行為を行ったときよりも理解テストでの成績がよいということを示している．つまり，何らかの行動をとること自体が効果に結びつくという考え方である．

　また，生徒の読解レベルも理解度に影響を与える（Blanchard & Mikkelson, 1987; Hoon, 1974）と考えられている．能力の低い読み手にとってよりも，能

力の高い読み手にとって下線ひきはより有効であるようだ．また，能力の高い読み手たちは，テストパフォーマンスを高めるために，下線をひくことを好むといえる．一方，能力の低い読み手たちが下線をひくのは，認知的な理由よりもむしろ「使いやすい」などといった情意的な理由による（Blanchard & Mikkelson, 1987）．

　さらに，下線が有効かどうかは素材の難易度にもよる．下線ひきは簡単なテキストを用いた時には効果を持たず，内容の難しいテキストの時に効果を持つ．難解なテキストで行為の量を増やすことは有益な方法だが，簡単なテキストは簡単すぎるので，行為の量を増やしても有益でないようだ（Fass & Schumacher, 1978）．

　以上のように，下線をひくことの効果については，様々な要因が絡んでいるため，効果的であるかどうかについての答えを示し切れていない．これは，どのような時に下線をひくべきであり，どのような時に下線をひくべきでないのか，といった提案につながる可能性がある．下線ひきへのとらえ方は，個人によって異なる．対象となる学習者にとって下線ひきがふさわしいのか，あるいは他の学習方略がふさわしいのかを見分ける上で教授者の支援が必要であり，さらにこれは課題などの状況によって変わってくる（Blanchard, 1985）．そこで，内容をより完全に理解することが求められているときに，ふさわしい方法を選ぶことができるよう，いくつもの学習方略を育むように生徒に示すべきである（McAndrew, 1983）．

　以上のように，ノートをとることや下線をひくことを中心として，筆記行為がどのように捉えられ，どのような役割を持つとされているのかについて述べてきた．これらの行為の役割として，様々なものが挙げられているが，それらの行為が果たして効果的であるのかということははっきりしていない．これは，様々な要因によって効果が影響されるからだと考えられる．いくつかの要因について検討した研究結果についても述べたが，実際の学習場面で

はいくつもの要因が組み合わさっているため，1つずつの要因による影響だけを考慮しても効果とは結びつきにくい．そこで，これらの要因が組み合わさったことによる影響について考えることにより，有効性を明らかにすることができると考えられる．

第3章　本研究の位置づけと目的

第1節　本研究の位置づけ

　第2章で述べてきたように，教授・学習場面において我々が日常的にとっている行動は，様々な分野における研究が重なり合った上に存在すると考えられる．したがって，行動の成果をできるだけ高いものとするためには，1つの行動に対して1つの側面から捉えるのではなく，教授者側，学習者側双方からアプローチをすることが欠かせないといえるであろう．そこで本研究では学習者の行動について考える上で，教授者による行動と比較することにより，それぞれの役割や有効性について検討していくこととする．

　また，学習者側からアプローチするにあたり，第2章において指摘したように，認知面の特徴に対応する概念（北尾，1991）である方略からのアプローチでは，改善につながる具体的な提案が難しいといえる．分類された方略からのアプローチでは，1つの行動に関する成果が分散されてしまい，学習場面においてその行動をどのように利用するかといった提案につながりにくいのである．したがって，本研究ではある方略を達成するための方法について検討していくのではなく，外に顕れる行動の側からその中に含まれる方略について明らかにしていくこととする．北尾（1991）も述べているように，外面的な行動にみとめられるスキルやスタイルが内面的な認知過程としての学習方略とどのような関係にあるかが解明されるならば，学習成果をあげるのに最も有効な学び方が理論的に明らかになり，教授理論の構築に貢献することも期待できるであろう．

　以上の考えに基づき本研究では，テキストを用いた学習場面においてとら

れる数々の学習行動の中から，非常に多くの人に用いられ，比較的単純な行動であると考えられる「下線をひくこと」を対象とし，その中に含まれる方略としての役割や有効性を探っていくこととする．この「下線をひくこと」は第2章で述べた関連研究との位置づけを考えると図3-1のようになる．まず，教授者，学習者双方によって頻繁に用いられるということが特徴として挙げられる．そこで，双方によってひかれた下線の効果の違いを比較することにより，それぞれの役割が明らかになり，教授活動に対しても学習活動に対しても提言を行うことができる．また，この行動が必ずしも適切な方略として作用するわけではないということにも留意する必要がある．したがって，方略として有効な部分とそうではない部分とを明らかにすることにより，方略としての役割が明らかになり，より効果的な利用に結びつけることができると考えられる．

下線をひくことに関する研究は，第2章でも紹介したとおり，1970～80年代にかけて多く取り組まれたが，その後は数が減少している．その理由はお

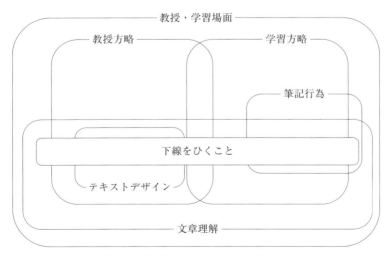

図3-1 「下線をひくこと」の位置づけ

そらく，効果的であるかどうかという問いに対してはっきりとした答えが得られないからだと考えられる．このように効果がはっきりしない要因については先行研究でも様々なものが考えられ，個別に検討されてきたが，これらを統合した形ではまとめられていない．

また，我が国では，他の学習行動も含めてこれらの分野に関する先行研究は多くない．しかし，「学習者がどのように学ぶか」といった姿勢が求められる今日，実際にとられている行動に焦点を当て，その営みの中に含まれる役割について解明することは，これからの教授・学習活動における成果を高めるために，重要な役割を果たすことになるであろう．

第2節　本研究の目的

日本語テキストの読解場面において下線をひくという行動をとりあげ，実験的手法を用いることにより，その行動の中に含まれる方略としての役割や有効性，関わる要因について探ることを目的とする．実験場面を設定して検討していくことにより，実際の学習場面の一部に限定された中での議論となるが，学習過程と役割，その効果について対応づけながら以下の点について論じていくこととする．

(1)学習者の現状を把握し，下線ひき行動の成果に関わる要因について探る
（第4章：実験1）．

下線をひくことに関する研究が多く報告されていた時代から30年以上の時が流れ，使用されるメディアや教材の変化をはじめとして，学習環境には様々な変化がおこっている．また，我が国ではこのような分野に対してほとんど取り組まれてこなかった．しかし，英語における読みと日本語における読みとでは，過程が異なるという報告もあり，下線の効果についても英語テキストの読みにおける成果をそのまま適用することはできないであろう．そ

こで，現在の我が国における学習者たちの行動の状況を把握し，その結果から下線ひき行動の成果に関わると考えられる要因を探ることとする．

(2)それぞれの要因による影響を明らかにする（第5章：実験2～6）．

　実験1において考えられた要因について，実験を重ねることにより，それらの要因による影響を解明する．これにより，読解中のどの過程において，どのような役割を果たしているのかを明らかにする．

(3)それぞれの要因による影響と下線ひき行動との関係を統合する（第6章）．

　実験2～6を通して得られたそれぞれの要因による影響をふまえた上で，読解過程と下線ひき行動との関わりについて統合し，様々な要因が組み合った状況における役割や有効性について明らかにする．

(4)実際の学習場面への可能性について検討する（第7章）．

　実験場面の積み重ねによって導き出された結果から，実際の学習場面においてどのように生かせるのかについて検討する．下線ひき行動のみならず関連する他の学習行動も含め，実践現場における実態との関係を探る．

# 第4章　実験1：下線をひくことが読解に影響を及ぼす要因

第1節　目的

構造や内容の単純なテキストの読解において，自分でひいた下線やあらかじめテキストにつけられた下線が及ぼす影響について検討することを目的とした．また，自由に下線をひくことを許可した状況において，どの程度の大学生がどのような情報に下線をひくのかについて把握し，これらの下線が影響を及ぼす際に関係する要因を探ることを目的とした．

第2節　方法

4.2.1　被験者

首都圏にあるA大学の学生52名を対象とした．

なお，実験後のアンケートで実験テキストを以前に読んだことがあると答えた1名については分析対象から外したため，以下の記述の対象はそれ以外の51名についてである．

4.2.2　実験条件

以下の3条件のもと，被験者を17名ずつ無作為に設定した．

(1)アンダーライン群

もともとのテキストには下線がひかれていないが，被験者は自分の好きな箇所に下線をひくことを許可される．下線をひく箇所や数に関する制限を設

けないのは，できるだけ日常の学習場面に近づけ，学習活動を自然な形で行わせるためである．ただし，1本の下線をひくこと以外の書き込み（ex. 丸で囲む，波線をひく etc.）は禁止されている．

(2)プロンプト群

テキスト中のキーワードにあらかじめ下線がひいてあり，被験者が自分で下線をひくことは禁止されている．

(3)統制群

もともとのテキストに下線はひかれておらず，被験者が自分で下線をひくことも禁止されている．

4.2.3 実験材料

実験テキストは，あまり専門的な内容ではなく，大学生が1度読めば内容を理解できる程度のものを用いることとした．そこで，練習試行用のテキストとして吉田ら編（1990）の『「のりもの」と「くらし」—第三世界の交通機関』の一節，第1試行用のテキストとして湯浅（1989）の『高等学校　倫理』の一節，第2試行用のテキストとして大隅（1993）の『クジラのはなし』の一節にそれぞれ手を加えて作成した（資料1参照）．それぞれの内容は，練習試行用のテキストがイエメンの社会の特徴について，第1試行用テキストが日本の結婚制度の移り変わりについて，第2試行用テキストはクジラがサカナでない理由について説明したものであった．

また，それぞれのテキストにはタイトルをつけ，450字程度に統一した．文章の構成としては，導入部に続いて，いくつかの命題（キーワード）と命題に対応する説明を述べる，という形に統一した．なお，第2試行用でプロンプト群の被験者に配布するテキストは，あらかじめ設定したキーワード部分（5箇所）に下線をつけ，プロンプト効果を与えた．アンダーライン群および統制群の被験者に与えるテキストは下線のひかれていないものであった．

4.2.4 実験手順

全被験者に対して『「のりもの」と「くらし」－第三世界の交通機関』から作成したテキストを用い，統制群と同じ条件で練習試行を1回行った後，残り2個のテキストを用いて2回の本試行を行った．第1試行では『高等学校　倫理』から作成したテキストを用いて，全員に統制群と同じ条件で実験を行った．これは，均質な3条件を作るためのプレテストの役割を果たすものであった．続いて第2試行では『クジラのはなし』から作成したテキストを用いて，3条件に分けて実験を行った．それぞれの試行の流れについては以下の通りであった（図4-1参照）．なお（　）内の時間はそれぞれの過程における制限時間である．

テキスト読解（70秒）：

声を出さずに黙読するように指示をした．第2試行でアンダーライン群に割り当てられた被験者には，自由に下線をひきながら読んでもよいという教示を与え，シャープペンシルと消しゴムを与えた．それ以外の被験者には筆記具を与えなかった．

図4-1　各試行における実験の流れ

→計算問題（1分）：
　単純な短期記憶の影響を防ぐための挿入問題として，2桁と3桁の足し算，引き算を行った．
→再生テスト（4分30秒）：
　テキストに書かれていた内容について自由記述形式で再生を求めた．
→アンケート：
　テキストの印象や，テストの満足度などについての質問を行った．

　最初に実験の手順と制限時間について口頭で説明し，テキスト読解後に内容についての再生テストを行うことを伝えた上で，内容を覚えながら読むように指示した．また，各試行の最初に読解時間と各実験条件による制限について書かれた紙を手渡して指示を与えた．テキスト読解に与えた70秒という時間は予備実験の結果から，1度全体を読んだ後多少読み返すことができるという程度に設定した．読解終了後にテキストは回収した．自由記述形式のテストを行うことにしたのは，獲得した情報の表現方法をできる限り被験者に任せ，テキストに含まれるすべての情報に関する入力について検討するためである．最後にテキストの印象などについてのアンケートに回答してもらった．

　上記の流れを3回繰り返した後，最後に文章を読む際の普段の習慣などについての総合アンケートを行った．

4.2.5　解答の評価

　再生テストの結果は項目ごとにキーワードと説明部分とに分けて得点化した．まず，各項目のキーワードについては1項目につき1点満点で採点した．なお，被験者の再生がテキストの語句と全く同一でなくても，同意であると考えられる場合には正解とみなした．また，各キーワードに対する説明は再生内容に個人差があったことから，1項目につき2点満点とし，各項目に含

まれる要素を全て満たしている場合には2点，全く満たしていない場合には0点，その中間を1点として採点した．このような基準で，筆者と大学院生1名が個別に数値化したところ，一致率は62%であった．不一致部分については，両者の協議により決定した．

第3節 結果

4.3.1 再生テスト結果
4.3.1.1 下線をひくことによる再生箇所への影響

下線をひくことと再生箇所との関係について検討するために，アンダーライン群の被験者17名のうち，実際に1箇所でも下線ひき行動の見られた15名の被験者を対象として下線をひいた箇所と再生された情報の分析を行った．

ここでは，テキスト全体をアイデアユニット（以下IUと略す）ごとに分解して分析することとした．文章の理解や産出の研究において最も一般的に広く用いられている分析の単位であるIUは，1つの熟語と1つ以上の変項（argument）からなる，としばしば定義され，ほぼ"単文"に相当するものである（邑本，1998）．テキスト全体を24個のIUに区切り，それぞれのIU

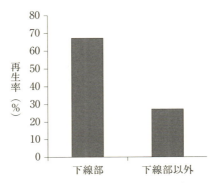

図4-2　下線有無と再生率（実験1：アンダーライン群）

について，下線の有無および再生の有無を調べた．そして下線部と下線部以外から再生した情報についての平均再生率を比較した（図4-2参照）．

その結果，下線部の平均再生率は67.00%（$SD=4.24$），下線部以外の平均再生率は27.47%（$SD=3.76$）であり，t検定の結果，両条件の平均の差は有意であり（$t(14)=9.205, p<.01$），下線部の情報はそれ以外の情報に比べ，再生率が有意に高いということがわかった．

4.3.1.2 各条件の影響

条件に差のない第1試行の得点をキーワード部分と説明部分とに分け，それぞれの合計得点について実験条件による1要因の分散分析を行った結果，キーワード部分，説明部分ともに条件間の差は有意ではなかった（キーワード部分：$F(2, 48)=2.407, n.s.$，説明部分：$F(2, 48)=0.911, n.s.$）．したがって各条件にわりあてられた被験者間に能力差はないものとみなした．

被験者を各条件に分けた第2試行の得点についてもキーワード部分と説明部分とに分け，それぞれの合計得点（キーワード部分：5点満点，説明部分：10点満点）について，第1試行の得点を用いて共分散分析を行った．その結果，図4-3に示すように，キーワードの得点には条件間の有意差は見られず

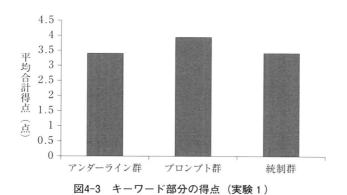

図4-3 キーワード部分の得点（実験1）

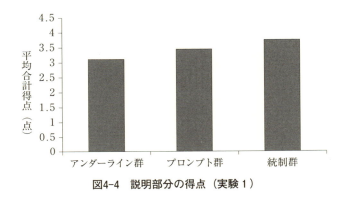

図4-4　説明部分の得点（実験1）

($F(2, 45) = 0.002, n.s.$). 図4-4に示すように説明部分の得点には条件間の差に有意傾向が見られた（$F(2, 45) = 2.670, p < .10$）. LSD法による多重比較の結果, 統制群がアンダーライン群より有意に高い傾向であった.

4.3.2　アンケート結果

4.3.2.1　制限時間内にテキストを読んだ回数

条件差のない第1試行においては, いずれの条件の被験者も「途中まで」から「1回全体を読んだ後読み返した」という回答に分布しており, 同じ制限時間の中で各条件に割り当てられた被験者がテキストを読んだ回数にほとんど差は見られなかった（図4-5参照）.

しかし, 3条件に分けた第2試行において制限時間内に読むことのできた回数を見てみると, 条件による違いがみられた（図4-6参照）. アンダーライン群の半数近くが途中までしか読めなかったと答えたのに対し, プロンプト群や統制群は読み直すための時間的余裕があった. さらに, プロンプト群は読み直す際に, テキストの最初から読み直すのではなく, ポイントに絞って読み直したという声が多かった.

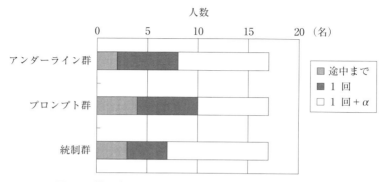

図4-5 制限時間内にテキストを読んだ回数（第1試行）

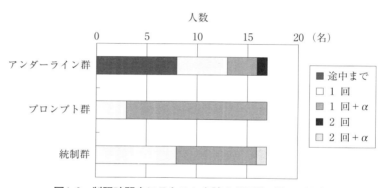

図4-6 制限時間内にテキストを読んだ回数（第2試行）

4.3.2.2 意識に与える影響

各試行後のアンケートにおいて，テキストの読みやすさ，覚えやすさ，難易度，読解時の集中度，テキスト内容の理解度，テストの満足度について－3～3の7段階で評価してもらった．

その結果を用いてKruskal-Wallis検定を行ったところ，条件に差のない第1試行においてはいずれの項目にも有意差はみられなかった．

しかし，3条件に分けた第2試行の結果についても同様にKruskal-Wal-

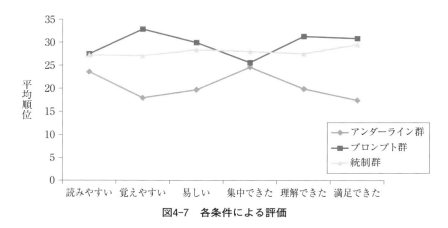

図4-7　各条件による評価

lis検定を行ったところ，テキストの覚えやすさ（$H=8.854, p<.05$），テストの満足度（$H=8.762, p<.05$）に対する回答結果に有意差がみられ，テキストの難易度（$H=5.282, p<.10$），理解度（$H=4.936, p<.10$）に対する回答結果が有意傾向であった（図4-7参照）．Mann-WhitneyのU検定を行った結果，これら4項目について，アンダーライン群の被験者は他の2群よりも有意に，「テキストが覚えにくかった」，「テストの出来に満足できなかった」，「テキストが難しかった」，「テキストの内容を理解できなかった」といった評価をしていることがわかった．

4.3.2.3　下線への対応

第2試行でアンダーライン群に割り当てられた被験者に，実際に下線をひいた理由あるいはひかなかった理由について尋ねたところ，以下のような回答が得られた（表4-1参照）．なお，1人の回答に複数の項目が含まれていることがあったため，下線をひいた人数（15名）とのべ人数の合計は一致していない．

また，アンダーライン群に割り当てられた時に被験者自身がひいた下線お

表4-1 下線ひきの有無の理由

ひいた理由	のべ人数（名）	ひかなかった理由	のべ人数（名）
覚える際のポイントとする	10	繰り返し読みたかった	1
ひいてもよいと言われた	3	制限時間があった	1
習慣である	2		
集中できる	1		
見直すときに役立つ	1		

表4-2 下線への対応

自分でひいた下線	のべ人数（名）	あらかじめつけられた下線	のべ人数（名）
読む際のポイントとした	9	読む際のポイントとした	8
読み返す際のポイントとした	5	目が向けられた	4
うまく利用できなかった	2	再生する際のポイントとした	2
下線をひくことで安心してしまった	1	邪魔だと感じた	2
意識しなかった	2	読み返す際のポイントとした	1

よびプロンプトとしてあらかじめつけられていた下線について，それぞれどのように利用したのかについて尋ねた結果が表4-2である．これらも，1人の回答に複数の項目が含まれていることがあったため，全体の人数とのべ人数の合計は一致していない．

第4節　考察

以上のように，アンダーライン群の再生結果から，下線部の情報はそれ以外の部分に比べて多く再生されるということが明らかになった．つまり，学習者の注意は下線をひいた部分を中心として向けられており，「重要な部分を選びだして，その部分に下線をひく」という過程が学習者の理解と結びつ

いていると考えられた．しかし，その効果は4.3.1.2において示したように全体の再生成績に反映されているとは言えなかった．また，実験後のアンケートにおけるテキストやテスト結果への評価も他の2群に比べて低かった．この理由として以下のことが考えられた．

　まず，プロンプト群，統制群は「テキストを読む」という作業のみを行っているのに対し，アンダーライン群は同じ制限時間の中で「テキストを読む」という作業と「下線をひく」という作業の2つを同時に行っていた．このため，「テキストを読む」という行為そのものにかける時間が少なくなり，短い制限時間の中で文章全体を把握するという点からみると効率が下がり，再生成績に反映されていなかったのだといえよう．このことは，本実験においてそれぞれの条件に割り当てられた被験者の間に，もともとの読解速度の違いはなかったにも関わらず，下線をひくことによって同じ制限時間の中でテキストを読むことのできた回数が少なくなったという実験後のアンケートの結果からも考えられた．

　また，読解時間が短いことによって，学習者のひいた下線がプロンプトとしての役割を果たしきれなかったということも考えられた．アンケートの回答をみると，下線の利用法として，「読み返すポイントとした」という声があった．しかし実際には，読み終わる間もなく制限時間がすぎてしまい，全体を読み返す時間的余裕がなかった被験者も半数近く存在した．これらの被験者も読み返すことができていれば，その際のポイントとして下線を利用できたという可能性があるだろう．したがって文章を最後まで読めなかったことによって，再生率が低くなってしまったことに加え，せっかくひいた下線が，プロンプトとしての役割を果たしきれなかったということが考えられる．これらの結果から，「文章を読む」という作業と「下線をひく」という作業とは別々に行われており，両者が結びつく為には十分な読解時間を必要とするのではないかと考えられた．

　また，今回のテキストの内容や構造は単純なものであったことから，限ら

れた時間の中で内容を丸暗記することができた可能性もある．丸暗記する場合には，情報の構造を把握したり，情報の取捨選択を行う必要はなく，テキストの情報を与えられた順に入力していくことが最も効率的であろう．そこで，何の手がかりもない統制群がテキストの構造や情報の重要度などについて考えることなく，読むことだけに集中できたため，キーワード以外の再生において高い成績をあげられたのではないだろうか．このような結果をもたらすためには，学習者の読解能力や，テキストの構造や内容の難易度といった要因が絡んでいると考えられた．

　さらに，今回の実験では，読解を終えて1分間の計算問題を挟んだ後すぐに再生テストを行った．そのため，長期的な情報の保持に与える影響についてまでは検討できなかった．もし短時間の丸暗記でしのごうとした被験者がいたのだとすると，もう少し時間をおいた後に同様のテストを行った場合，記憶した情報を保持していることは難しいと考えられる．また，下線をひきながら読むことにより，読解速度が遅くなったということを述べたが，それぞれの情報に目を向けていた時間が多くなったという考え方をすると，それらの情報に関しては，長期間の情報保持に効果をもたらす可能性も考えられる．

　このように，下線をひくことがテキスト読解に及ぼす影響について検討する際には，様々な要因が関係していると考えられた．そこで，実験2～6において，以下の4要因の影響について検討していくこととする（図4-8参照）．

　・読解時間の長さ
　・素材の難易度
　・学習者集団
　・再生時期

　まず，実験2において，再生時期の違いおよび読解時間の長さによる影響を検討する．実験3では内容や構造の複雑なテキストを用いることにより，素材の難易度という要因について検討する．実験4では短期大学の1年生を

第4章 実験1：下線をひくことが読解に影響を及ぼす要因　61

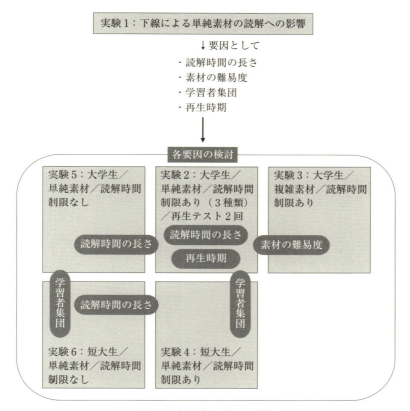

図4-8　各実験と要因の関係

対象として実験を行う．日本語の総合力との相関が高いものとして，小野ら（1989）による日本語語彙力テストを指標とし，小野ら（2001）が行った調査によると，短期大学や専門学校の学生の日本語力は高校生レベルが主流を占め，中学生レベルの学生の比率も四年制大学に比べて著しく高いということが報告されている．これは，少子化が進む中で，成績を重視しない日本型のAO入試を実施するなど，大学入試での競争が緩和されることにより，日本語力が中学生レベルであっても入学が許可されるようになってきたことによ

ると考えられている（馬場ら，2003）．そこで，学生のほとんどが推薦入試で入学してきたために，これまでの学習経験が四年制大学の学生とは異なると考えられる短期大学の学生を対象とした実験を行い，四年制大学における結果と比較することにより，学習者集団の違いによる影響を検討する．実験5では，四年制大学の学生を対象として，読解時間に制限をつけない場合に，あらかじめつけられた下線や自分で下線をひくことが読解時間の長さや再生内容にどのような影響を与えるかについて検討する．実験6では，短期大学生を対象として実験5と同様の実験を行い，両実験の結果を比較することにより，学習者集団の違いによる影響について検討することとする．

第5章 要因の検討

第1節 実験2：読解時間の長さと再生時期の違いによる影響

5.1.1 目的

実験1において，下線をひきながらテキストを読む場合には，「下線をひく」ことと「テキストを読む」ことという2つの作業を行うこととなり，両者が結びつくためには十分な読解時間を必要とするのではないかと考えられた．また，テキストが単純である場合には丸暗記によって乗り切ろうとした被験者の存在も示唆された．

そこで，下線ひき行動やテキストにつけられたプロンプトが文章理解に及ぼす影響に関して，読解時間の長さと再生時期の違いという2要因について検討することを目的とした．

5.1.2 方法

5.1.2.1 被験者

首都圏にあるA大学の学生36名を被験者とした．

5.1.2.2 実験条件

実験1と同様に以下の3条件（4.2.2参照）を設け，各被験者は各条件にそれぞれ1試行ずつ割り当てられるようにした．
(1)アンダーライン群
(2)プロンプト群
(3)統制群

この際，テキスト，実験条件，試行順序から考えられる36パターンに1人ずつ被験者を配し，これらの影響が相殺されるようにした．

5.1.2.3 実験材料

実験1で用いたテキストと同様に，内容および構造の単純なものを用いることとし，テキスト1として小笠原（1998）の『OLたちの〈レジスタンス〉　サラリーマンとOLのパワーゲーム』，テキスト2として白幡（1996）の『旅行ノススメ　昭和が生んだ庶民の「新文化」』，テキスト3として三井（1998）の『ガーデニングの愉しみ　私流庭づくりへの挑戦』の一節にそれぞれ手を加えて作成した（資料2参照）．それぞれの内容は，テキスト1が会社組織におけるOLの抵抗行動について，テキスト2が修学旅行に対する意見について，テキスト3がボーダー・ガーデンをうまく作るコツについて述べたものであった．

各テキストは13文程度から成る450字程度の文章であり，構成としては，導入部に続いて，5つの項目について述べる，という形に統一した．また，各項目については，最初に命題を述べその後にそれらの説明が続く，という形が5回繰り返されるように統一した．それぞれのテキストにはタイトルをつけなかった．

なお，プロンプト群の被験者に配付するテキストは，キーワード部分（5箇所）にあらかじめ下線をひいておいた．アンダーライン群および統制群の被験者に対しては下線のひかれていないテキストを与えた．

5.1.2.4 実験手順

テキスト読解→計算問題（1分）→再生テスト（4分30秒）→アンケートという流れで実験を3試行行い，最後に文章を読む際の普段の習慣などについてのアンケートを行った．各段階における形式は，実験1と同様であった（4.2.4参照）．読解時間は40秒（全体を軽く読み通せる時間）を基準とし，その

他80秒，120秒の3種類を設定した．各被験者は第1試行：40秒→第2試行：80秒→第3試行：120秒という流れで3回の試行を行った．

また，1週間後に同じ被験者に対して実験で読んだテキストの順序で，読解直後と同じ形式の再生テストを行った．なお，この間にテキストの内容についてリハーサルなどを行うことがないように，1週間後に再び来てもらうようにということのみを伝え，テストの有無や内容については一切知らせなかった．

5.1.2.5 解答の評価

再生テストの結果において，各項目のキーワードについては1項目につき1点満点とした．なお，被験者の再生がテキストの語句と全く同一でなくても，同意であると考えられる場合には正解とみなした．また，各キーワードに対する説明は再生内容に個人差があったことから，1項目につき2点満点とし，各項目に含まれる要素を全て満たしている場合には2点，全く満たしていない場合には0点，その中間を1点として採点した．これらの基準に基づいて，筆者と学部生1名が個別に得点化したところ，一致率は63%であった．不一致部分については両者の協議により決定した．

5.1.3 結果

5.1.3.1 直後再生テスト結果

5.1.3.1.1 下線箇所と再生箇所との対応

テキスト全体をIUごとに分けたものを，下線の有無によって区別し，該当する情報に関する何らかの再生の有無について検討した（図5-1参照）．なお，アンダーライン群は被験者ごとに下線をひいた箇所を含むIUを下線部とし，プロンプト群は予めテキストに下線をひいておいた箇所を含むIUを下線部とした．アンダーライン群の被験者がひいた下線箇所のうち，実験者の設定したキーワードの箇所と一致した割合は78.4%であった．

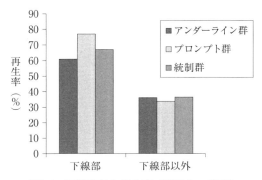

図5-1 下線有無と再生率（実験2：直後）

アンダーライン群の被験者のテストにおいて，下線部の平均再生率は61.2%（$SD=0.489$），下線部以外の平均再生率は36.4%（$SD=0.482$）であり，t 検定の結果，下線部の再生率は下線部以外に比べて有意に高かった（$t(727)=6.197, p<.01$）．プロンプト群の被験者のテストにおいて，下線部の平均再生率は77.2%（$SD=0.421$），下線部以外の平均再生率は34.0%（$SD=0.474$）であり，t 検定の結果，下線部の再生率は下線部以外に比べて有意に高かった（$t(728)=10.906, p<.01$）．

また，ここで統制群の被験者の再生文についても，再生された情報を他の条件と比較するために，同様の分析を行うこととした．そこで，実際には下線部の存在しない統制群のテキストにおいても，実験者側で設定したキーワードであるプロンプト群の下線部に相当する部分を下線部として分類した．

この結果，統制群の被験者のテストにおいて，下線部の平均再生率は67.2%（$SD=0.471$），下線部以外の平均再生率は36.8%（$SD=0.483$）であり，t 検定の結果，下線部の再生率は下線部以外に比べて有意に高かった（$t(735)=7.364, p<.01$）．

以上のように，各条件ともに下線部はそれ以外の部分に比べて再生されやすいということが明らかになった．また，たとえ下線がなかったとしても，

キーワードにあたる情報はその他の情報よりも再生率が高くなるということが示された．

5.1.3.1.2 各条件の影響

キーワード部分の合計得点（5点満点）について，読解時間と実験条件の2要因による分散分析を行った結果，読解時間要因による主効果が有意であり（$F(2, 99) = 12.63$, $p < .01$），実験条件要因による主効果が有意傾向であった（$F(2, 99) = 2.85$, $p < .10$）．LSD 法による多重比較を行った結果，読解時間要因では80秒，120秒の平均が40秒より有意に高く，実験条件要因ではプ

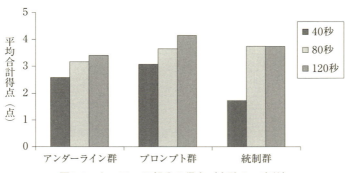

図5-2　キーワード部分の得点（実験2：直後）

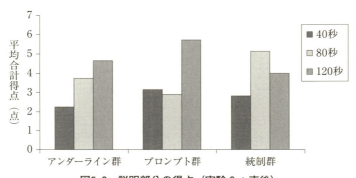

図5-3　説明部分の得点（実験2：直後）

ロンプト群の平均がアンダーライン群，統制群より有意に高かった（図5-2参照）．

説明部分の合計得点（10点満点）についても同様の分析を行ったところ，読解時間要因による主効果（$F(2, 99) = 8.45$, $p < .01$）および交互作用（$F(2, 99) = 2.79$, $p < .05$）が有意であった．LSD 法による多重比較の結果，80秒，120秒の平均が40秒より有意に高かった（図5-3参照）．

5.1.3.1.3 再生パターンの検討

再生テストにおける表現を分類するために，テキストおよび各被験者の再生文をキーワードとそれ以外とに分け，それぞれ IU 単位に区切り，両者を照らし合わせた（図5-4参照）ところ，以下のカテゴリーに分けられた．

(a) 同一表現 IU：テキスト中の表現とまったく同一の表現で再生されているもの．ただし，文末の語尾変化，態の変化は許容する．
(b) 言い換え表現 IU：もとのテキスト中の IU と意味的にはほぼ同じだが，異なる表現を用いているもの．
(c) 抽象化 IU：もとのテキスト中にある IU の一部が抽象化されているもの．
(d) 一部再生 IU：もとのテキスト中にある IU の一部が記述されているが，もとの IU の持つ具体的意味を伝えていないもの．
(e) 具体化 IU：もとのテキスト中にある IU より具体性が増しているもの．
(f) 推論 IU：もとのテキストから推論できる範囲で，もとのテキストにはなかった情報が加えられているもの．
(g) 誤り IU：テキストの内容と明らかに矛盾するもの．
(h) 記述なし：該当する情報がまったく記述されていないもの．

これらのカテゴリーを用いて，キーワード部分に関する再生文を分類した結果を示したのが図5-5であり，それ以外の部分についての分類結果を示したのが図5-6である．なお，被験者の再生した IU が下記の中の２つ以上の

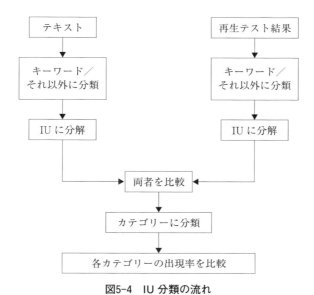

図5-4　IU 分類の流れ

カテゴリーにわたっている場合には，要素が最も強いと考えられるカテゴリーに分類した．

　この結果より，キーワード部分の情報はそれ以外の情報に比べて何らかの再生をされることが多く，読解のポイントとしていることがわかった．キーワードの情報が再生されたパターンとしては，いずれの条件においても，テキスト通りの言葉で再生されたものが最も多く，続いて自分の言葉に言い換えたり，具体的な情報を省いたりして再生されていた．

　一方，キーワード以外の情報に関しては，キーワードのようにテキストの言葉通りに再生されるのではなく，自分の言葉に言い換えたり，具体的な情報を省いたりして再生されることが多かった．

　このように，情報の種類によって，再生されるパターンには違いが見られた．一方，キーワードの再生においてアンダーライン群がテキスト通りの再生をする割合がやや低く，プロンプト群は他の条件に比べて何の再生もしな

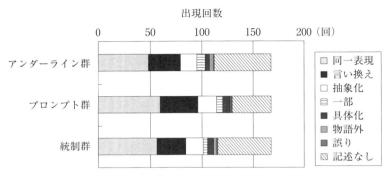

図5-5 キーワード IU出現回数（実験2：直後）

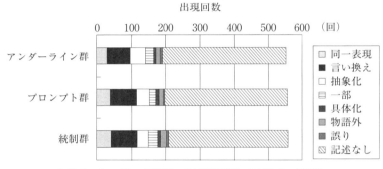

図5-6 キーワード以外 IU出現回数（実験2：直後）

い割合が低い，などといった小さな違いはみられたものの，条件によって再生パターンに大きな違いはないということがわかった．

5.1.3.2 1週間後再生テスト結果
5.1.3.2.1 下線箇所と再生箇所との対応

アンダーライン群の被験者のテストにおいて，下線部の平均再生率は44.5%（$SD=0.441$），下線部以外の平均再生率は26.3%（$SD=0.441$）であり，t検定の結果，下線部の再生率は下線部以外に比べて有意に高かった（$t(730)=4.796$, $p<.01$）．プロンプト群の被験者のテストにおいて，下線部

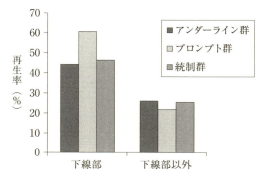

図5-7 下線有無と再生率（実験2：1週間後）

の平均再生率は60.6%（$SD=0.490$），下線部以外の平均再生率は22.1%（$SD=0.415$）であり，t検定の結果，下線部の再生率は下線部以外に比べて有意に高かった（$t(730)=10.303, p<.01$）.

また，ここでも直後の再生テストと同様に他の条件と比較するために，実際には下線部の存在しない統制群の被験者のテストについても，実験者側で設定したキーワードであるプロンプト群の下線部に相当する部分を下線部として分類した．この結果，統制群の被験者のテストにおいて，下線部の平均再生率は46.7%（$SD=0.500$），下線部以外の平均再生率は25.7%（$SD=0.437$）であり，t検定の結果，下線部の再生率は下線部以外に比べて有意に高かった（$t(735)=5.401, p<.01$）.

以上のように，各条件ともに下線部はそれ以外の部分に比べて再生されやすいという傾向は，テキストを読んでから1週間後でも維持されるということが示された（図5-7参照）.

5.1.3.2.2 各条件の影響

1週間後のテストについても直後のテストと同様に得点化し，直後のテスト結果を用いて読解時間，実験条件の2要因による共分散分析を行った．そ

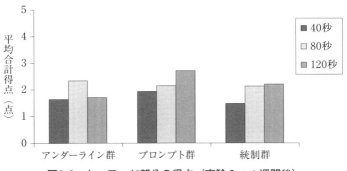

図5-8 キーワード部分の得点(実験2:1週間後)

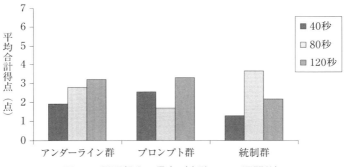

図5-9 説明部分の得点(実験2:1週間後)

の結果,キーワード部分の得点については,読解時間要因 ($F(2, 90) = 0.67$, $n.s.$),実験条件要因 ($F(2, 90) = 0.04$, $n.s.$) ともに有意な効果は見られなかった.また,説明部分の得点についても読解時間要因 ($F(2, 90) = 0.81$, $n.s.$),実験条件要因 ($F(2, 90) = 2.33$, $n.s.$) ともに有意な効果は見られなかった.

この結果より,1週間という時間をおくことによって,読解直後に見られた読解時間や実験条件による影響が見られなくなるということがわかった(図5-8,図5-9参照).

5.1.3.2.3 再生パターンの検討

1週間後のテスト結果についても直後のテスト結果と同様に、それぞれの条件ごとにIUの再生パターンを分類した。その結果、キーワードの分類結果は図5-10に示す通りであり、それ以外の部分の分類結果は図5-11となった。

この結果を直後の結果と比較したところ、キーワードの再生においてテキストの言葉通りに再生することが大きく減っていることがわかった。また、キーワードの情報は1週間後でも比較的維持され、何らかの形で再生されることが多いということがいえた。しかし、統制群は他の条件に比べ、再生されなくなった情報の量が多く、正確な再生も減少した量が多かった。一方、

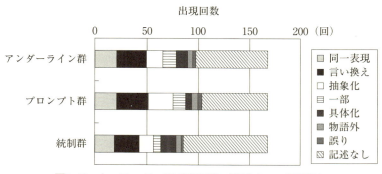

図5-10　キーワード　IU 出現回数（実験2：1週間後）

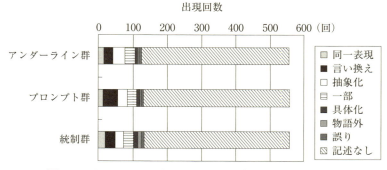

図5-11　キーワード以外　IU 出現回数（実験2：1週間後）

キーワード以外の情報は1週間後になると再生されない割合が非常に高くなるということがわかった．すなわち，キーワードの情報に比べ，それ以外の情報の方が情報の正確さが失われたり，再生されなくなったりすることが多いということである．

さらに，各IUについて直後と1週間後では，再生の仕方がどのように関わっているかについて検討した．そこで，直後の再生カテゴリーと1週間後の再生カテゴリーをクロス集計したものが，以下の表5-1から表5-6である．

表5-1 直後と1週間後の再生比較（アンダーライン群 キーワード）

アンダーライン群 キーワード		直後 カテゴリー別出現数							
		同一	言い換え	抽象化	一部	具体化	物語外	誤り	記述なし
1週間後 カテゴリー別 出現数	同一	16	3	0	0	1	0	0	1
	言い換え	7	13	2	0	1	1	0	5
	抽象化	2	3	5	4	0	0	0	2
	一部	3	1	6	2	0	1	0	0
	具体化	2	5	0	0	1	1	0	2
	物語外	3	0	2	0	0	0	0	0
	誤り	1	0	0	0	0	1	0	1
	記述なし	15	6	1	2	1	0	1	44

表5-2 直後と1週間後の再生比較（アンダーライン群 キーワード以外）

アンダーライン群 キーワード以外		直後 カテゴリー別出現数							
		同一	言い換え	抽象化	一部	具体化	物語外	誤り	記述なし
1週間後 カテゴリー別 出現数	同一	14	2	0	0	0	0	0	1
	言い換え	3	13	3	3	0	0	1	3
	抽象化	1	12	9	3	0	2	2	6
	一部	0	3	7	7	0	4	1	7
	具体化	1	5	0	0	1	0	0	0
	物語外	1	0	1	0	0	0	0	2
	誤り	0	1	0	0	0	0	1	7
	記述なし	10	32	24	11	6	6	2	340

ここでも，キーワードの情報とそれ以外とを区別し，それぞれの情報について比較した．

この結果，キーワード，それ以外ともに，またいずれの条件においても，直後のテストでテキストの言葉通りの再生をしていたIUのうち約半数は，1週間後のテストにおいて部分的な再生をされることもなく，全く記述されなかった．また，キーワード以外の情報については，言い換えて再生していたIUの多くも再生されなくなった．

表5-3 直後と1週間後の再生比較（プロンプト群 キーワード）

プロンプト群 キーワード		直後 カテゴリー別出現数							
		同一	言い換え	抽象化	一部	具体化	物語外	誤り	記述なし
1週間後 カテゴリー別 出現数	同一	18	1	0	0	1	0	1	0
	言い換え	7	16	3	0	3	0	0	2
	抽象化	10	6	5	0	0	0	0	3
	一部	3	2	4	1	0	1	0	1
	具体化	2	2	2	0	0	0	0	0
	物語外	1	1	1	1	1	0	0	1
	誤り	2	1	0	0	0	0	0	1
	記述なし	17	8	3	4	2	0	0	30

表5-4 直後と1週間後の再生比較（プロンプト群 キーワード以外）

プロンプト群 キーワード以外		直後 カテゴリー別出現数							
		同一	言い換え	抽象化	一部	具体化	物語外	誤り	記述なし
1週間後 カテゴリー別 出現数	同一	12	0	0	0	0	0	0	2
	言い換え	9	21	4	1	0	0	0	8
	抽象化	5	14	7	0	1	0	0	1
	一部	1	8	8	4	0	2	0	4
	具体化	1	6	0	1	0	0	0	2
	物語外	0	1	0	1	0	0	1	0
	誤り	0	0	0	0	0	1	1	5
	記述なし	12	26	18	12	9	10	2	341

このように，直後のテストにおいて，同一表現や言い換え表現といったテキスト本文に近い再生をしていた情報については，曖昧な再生に変化していくだけでなく，全く再生されなくなった情報が非常に多かった．しかし一方で，逆方向の変化をするIUもあった．つまり，極端な例を挙げると，直後のテストにおいて全く再生されていなかったIUについて1週間後のテストではかなり正確な情報を伝える再生をしているということも，全体のIU数から考えると僅かではあるが存在したのである．

表5-5　直後と1週間後の再生比較（統制群　キーワード）

統制群 キーワード		直後　カテゴリー別出現数						
		同一	言い換え	抽象化	一部	具体化	物語外	誤り	記述なし
1週間後 カテゴリー別 出現数	同一	17	2	0	0	0	0	0	0
	言い換え	10	7	4	0	0	0	0	3
	抽象化	3	2	4	0	1	0	0	4
	一部	2	1	3	0	0	0	0	1
	具体化	6	3	3	0	1	1	1	0
	物語外	1	2	1	0	1	0	0	0
	誤り	0	0	0	0	3	1	0	1
	記述なし	18	11	2	4	0	1	0	43

表5-6　直後と1週間後の再生比較（統制群　キーワード以外）

統制群 キーワード以外		直後　カテゴリー別出現数						
		同一	言い換え	抽象化	一部	具体化	物語外	誤り	記述なし
1週間後 カテゴリー別 出現数	同一	16	4	0	0	0	0	0	1
	言い換え	8	14	1	1	1	0	0	4
	抽象化	1	8	6	3	1	0	1	4
	一部	0	6	3	11	0	4	0	5
	具体化	1	6	1	0	2	1	0	2
	物語外	1	1	3	1	1	0	0	2
	誤り	0	0	0	0	0	1	3	5
	記述なし	15	37	18	12	3	12	3	329

第5章 要因の検討　77

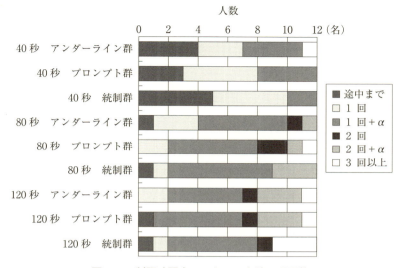

図5-12　制限時間内にテキストを読んだ回数

5.1.3.3　アンケート結果

5.1.3.3.1　制限時間内にテキストを読んだ回数

　今回の実験では，40秒，80秒，120秒という制限時間を設けていたが，それぞれの制限時間の下で，テキストを何回読むことができたかという問いへの答えをまとめたのが図5-12である．40秒という制限時間の場合，各条件ともに「途中まで」あるいは「1回」読んだという答えで過半数を占め，多くの被験者は読み返す余裕がなかったということがわかった．

5.1.3.3.2　下線ひきの理由および対応

　アンダーライン群に割り当てられた際に，実際に下線をひいた理由あるいはひかなかった理由について尋ねたところ，以下のような回答であった（表5-7参照）．なお，1人の回答に複数の項目が含まれていることがあったため，のべ人数と全体の合計数は一致していない．なお，読解時間を120秒与

表5-7　下線ひきの有無の理由

	ひいた理由	のべ人数（名）		ひかなかった理由	のべ人数（名）
40秒	ポイントを目立たせる	4	40秒	時間がもったいない	2
	覚えやすくなる	2		全体が見られなくなる	1
	読み返す際のポイントとなる	1			
	ひいてもよいと言われた	1			
80秒	覚えやすくする	5	80秒	時間がもったいない	1
	ポイントを目立たせる	4		ひくのが面倒	1
	読み返す際のポイントとなる	1			
	習慣である	1			
120秒	ポイントを目立たせる	4			
	覚えやすくする	4			
	読み返す際のポイントとなる	3			
	ひいてもよいと言われた	3			

えられた際に，下線をひかない被験者は存在しなかった．

　この結果，読解時間の長さに関わらず，ポイントを目立たせることによって，覚えるポイントとするためにひいたという回答が多かった．

　また，アンダーライン群に割り当てられた際に下線をひいた被験者に，その下線をどのように利用したのかについて尋ねた結果および，プロンプト群に割り当てられた際に，あらかじめつけられていた下線をどのように利用したのかについて尋ねた結果をまとめたものが表5-8である．これらも，1人の回答に複数の項目が含まれていることがあったため，のべ人数の合計と全体の人数は一致していない．

　回答をまとめると，どちらの下線も覚える際のポイントとして利用したことがわかった．自分でひいた下線については，読解時間が長い場合には読み

表5-8 下線への対応

	自分でひいた下線	のべ人数（名）		あらかじめつけられた下線	のべ人数（名）
40秒	覚える際のポイントとした	2	40秒	読む際のポイントとした	5
	思い出す際のポイントとした	2		覚える際のポイントとした	2
	読み返す時間がなく，利用できなかった	1		読み返す際のポイントとした	2
				再生する際のポイントとした	1
				目が向けられた	1
				目を向けないようにした	1
				意識しなかった	1
80秒	読み返す際のポイントとした	6	80秒	目が向けられた	6
	覚える際のポイントとした	3		読み返す際のポイントとした	3
				他の部分に目が向かなくなった	2
				覚える際のポイントとした	1
				読む際のポイントとした	1
				意識しなかった	1
120秒	覚える際のポイントとした	6	120秒	覚える際のポイントとした	7
	読み返す際のポイントとした	3		読む際のポイントとした	2
	目を向けすぎた	1		他の部分に目が向かなくなった	2
				意識しなかった	1

返す際にも利用されているが，読解時間が短い場合には読み返すための時間的余裕がなく，利用しきれなかったようである．また，あらかじめつけられた下線については，「他の部分に目が向かなくなった」という声も挙げられた．

5.1.4 考察

5.1.3.1.1より，学習者は自分でひいた下線やあらかじめテキストにつけられた下線の部分を中心とした再生をするということがわかった．しかし，実際には下線のない統制群の再生結果にも同様の傾向がみられたことから，重要度の高いキーワード部分の情報は再生されやすいと考えられ，下線の有無そのものだけではなく，テキスト中の情報の重要性によって再生箇所が影響される可能性が示唆された．つまり，下線の有無に関わらず，テキスト中の要点を選びだすことができるかどうかが文章理解と結びついているということである．

また，テキストにあらかじめつけられた下線はその部分の再生を高めるということが示され，これまでの先行研究（関．1997など）の結果と一致した．しかし，それ以外の部分の再生には下線の影響がみられなかった．この理由として，テキストを読み返すことができたとしても，強調された下線部に注意が集中し，その他の部分にまでまんべんなく目をむけることができなかったからだと考えられよう．

一方，キーワード部分，説明部分ともに，アンダーライン群と統制群の間に得点の有意差は見られなかった．このことから，自分でひいた下線そのものが再生を高めるという効果を確認するには至らなかった．この理由として，今回の実験で用いたテキストは構造および内容が単純であり，下線がなくても比較的容易に重要な情報を見つけだすことができたため，作業に時間をとられるというリスクを冒してまでも下線という手がかりを必要としなかったこと，丸暗記することができたために情報の探索・選択過程があまり必要とされなかったことが考えられた．

読解時間要因については，テスト結果およびアンケートへの回答から，40秒という読解時間は情報の重要度を判断したり，頭の中で整理したりするには短すぎたということがいえた．このことから，テキストを読む際に，ただ読み流すだけでなく，情報の取捨選択を行い，構成することによってはじめ

て理解に結びつくと考えられた．また，このように時間的余裕がないということにより，下線ひき行動をとる人の数にも影響がみられた．読解時間が長くなるにしたがって，下線ひき行動をとる人の数が増えたということは，やはり，下線ひき行動をとるために必要な作業時間が影響を及ぼしていると考えることができる．

ただし，今回の実験では練習試行を行わず，すべての被験者が40秒（第1試行）→80秒（第2試行）→120秒（第3試行）という流れで行ったため，実験に対する「慣れ」の影響が読解時間要因による影響の中に混ざってしまった可能性もある．つまり，すべての被験者が第1試行において40秒という読解時間の下で実験を行っているが，実験の流れを把握しきれていないことによる影響のために低得点になっていたり，試行を重ねることによってテストや時間配分への慣れから得点が高くなっている可能性があるということである．

また，情報の保持については，入力直後における実験条件による効果を超えるような効果が1週間後の再生テストにおいてみられるわけではなかった．つまり，自分で下線をひいたことや，プロンプトのつけられたテキストによる影響は，その後の時間経過に伴って大きくなるのではなく，むしろ入力時における影響が大きいということである．しかし，再生パターンについても検討したところ，統制群は再生されなくなったキーワード情報が多く，正確な再生ができなくなった割合が最も高かった．また，いずれの条件においてもキーワードの情報に比べ，キーワード以外の情報は再生されなくなりやすいということから，全体のテキストの中で重要な意味を持つ情報の方が保持されやすいと考えられた．さらに，1週間後の方が直後よりも確実な情報を再生していたり，直後に再生されなかった情報が1週間後に再生されたりすることがあった．これは入力された情報が忘却され，残った情報のみが再生されるのではなく，再生時にあらためて情報の再構成が行われているからだと考えられた．

第2節　実験3：複雑素材の読解において下線をひくことによる影響

5.2.1　目的
　これまでの実験において，構造や内容が単純なテキストを読む際には，下線という手がかりがなくても重要な情報を比較的容易に見つけ出すことが可能であり，それらの情報を中心として読むことが可能であると考えられた．また，単純なテキストでは丸暗記をすることも可能であり，そのような読み方ではテキストの最初から順番に読み，内容をそのまま覚えていくために，情報の探索・選択活動をあまり必要としないと考えられた．そこで本実験では，構造や内容の複雑な素材を用いた実験を行うことにより，素材の難易度による影響について検討することとした．

5.2.2　方法
5.2.2.1　被験者
　首都圏にあるA大学の学生36名を被験者とした．

5.2.2.2　実験条件
　これまでの実験と同様に以下の3条件（4.2.2参照）を設け，各被験者は各条件にそれぞれ1試行ずつ割り当てられるようにした．
　(1)アンダーライン群
　(2)プロンプト群
　(3)統制群
　この際，テキスト，実験条件，試行順序から考えられる36パターンに1人ずつ被験者を配し，これらの影響が相殺されるようにした．

5.2.2.3 実験材料

　専門知識のない大学生が1度読んだ程度では理解するのが難しいと思われるテキストを用いることとし，放送大学の教材から作成した．テキスト1として高橋（2000）の『国際政治：新しい世界像を求めて』，テキスト2として松村（2000）の『現代生活論：新しい生活スタイルと生活支援』，テキスト3として森岡（2000）の『都市社会の人間関係』の一節にそれぞれ手を加えて作成した．各テキストは1690字程度の文章に統一し，段落は設けなかった（資料3参照）．

　それぞれの内容は，テキスト1が国際政治の中でテレビやラジオが果たす役割について，テキスト2が個人や家族の生活が家庭外で供給されるものに依存するようになる生活の社会化について，テキスト3が社会の変動と人間関係について説明したものであり，各テキストにはタイトルをつけた．

　実験に先立ち，6名の大学生あるいは大学院生に各テキストを読んでもらい，要点だと思われる部分を選びだしてもらった．この結果および実験者が要点だと考えた部分，また原本における段落構成などを参考として，本実験におけるこれらのテキストの要点を設定した．プロンプト群の被験者に配付するテキストは，このようにして設定された要点にあらかじめ下線をひいておいた．下線部を含んだIUは，テキスト1では51IUのうち16箇所，テキスト2では33IUのうち11箇所，テキスト3では37IUのうち14箇所であった．アンダーライン群および統制群の被験者に対しては下線のひかれていないテキストを与えた．

5.2.2.4 実験手順

　テキスト読解（7分）→計算問題（1分）→再生テスト（8分）→アンケートという流れで実験を3試行行い，最後に文章を読む際の普段の習慣などについてのアンケートを行った．各段階における形式は，これまでの実験と同様であった（4.2.4参照）．

実験を始める前に，実験の手順を被験者に口頭で説明した．その際，実験に用いられるテキストの量，テストの形式，制限時間などについて知らせた．これは，試行を重ねて実験に慣れることによるテスト結果への影響をできるだけ減らすためであった．

5.2.2.5 解答の評価

再生テストの結果の分析はIU単位で行った．テキスト全体および被験者の再生文をIU単位に区切り，両者を照らしあわせた．各IUに含まれる情報をどの程度正確に伝えているかによって1つのIUにつき2点満点とし，0，1，2点のいずれかで評価した．この基準に基づいて筆者と学部生1名が個別に採点したところ，一致率は88%であった．なお，不一致部分については両者の協議により決定した．

5.2.3 結果

5.2.3.1 再生テスト結果

5.2.3.1.1 下線箇所と再生箇所との対応

被験者の再生文をIUごとに分け，下線の有無による再生率を比較した（図5-13参照）．なお，下線部の定義は各条件ともに実験2におけるものと同じである．本実験において，アンダーライン群の被験者の下線箇所のうち，実験者の設定した要点と一致した割合は67.63%であった．

この結果，アンダーライン群の被験者のテストにおいて，下線部の平均再生率は40.3%（$SD=0.491$），下線部以外の平均再生率は14.9%（$SD=0.356$）であり，t検定の結果，下線部の再生率は下線部以外に比べて有意に高かった（$t(1454)=10.902, p<.01$）．また，プロンプト群の被験者のテストにおいて，下線部の平均再生率は40.0%（$SD=0.490$），下線部以外の平均再生率は12.5%（$SD=0.330$）であり，t検定の結果，下線部の再生率は下線部以外に比べて有意に高かった（$t(1450)=12.699, p<.01$）．

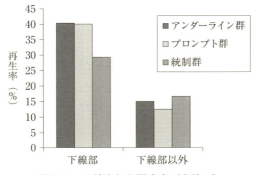

図5-13 下線有無と再生率（実験3）

　さらに，実験2と同様に，統制群の被験者のテストについても他条件と比較するために，プロンプト群のテキストにおける下線部を「下線部」として検討したところ，下線部の平均再生率は29.3％（$SD=0.455$），下線部以外の平均再生率は16.7％（$SD=0.373$）であり，t検定の結果，下線部の再生率は下線部以外に比べて有意に高かった（$t(1450)=5.651, p<.01$）.

　以上のように，難解素材の読解においても，重要な情報を中心とした下線部の情報はそれ以外の情報に比べて再生されやすく，この傾向はいずれの条件についても見られるということが示された．

5.2.3.1.2　各条件の影響

　実験者の設定した要点に含まれていた各IUについて1個あたりの平均得点（2点満点）を用いて，実験群による1要因の分散分析を行った結果，図5-14に示すように実験条件要因による差は1％水準で有意であった（$F(2, 1473)=4.639, p<.01$）．LSD法による多重比較を行った結果，アンダーライン群およびプロンプト群の得点は統制群に比べてそれぞれ有意に高かった．

　要点以外の部分に含まれていたIU1個あたりの平均得点（2点満点）につ

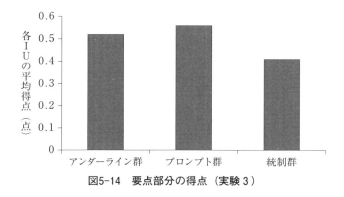

図5-14　要点部分の得点（実験3）

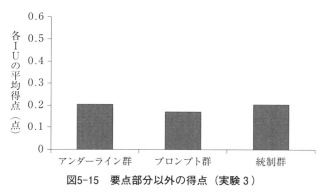

図5-15　要点部分以外の得点（実験3）

いても同様の分析を行ったところ，図5-15に示すように実験条件による有意差はみられなかった（$F(2, 2877) = 0.440, n.s.$）．

5.2.3.1.3　再生パターンの検討

　本実験においても，各条件にわりあてられた被験者がどのようなパターンで再生するのかについても検討することとした．そこで，配布したテキストおよび各被験者の再生文を要点とそれ以外とに分け，それぞれIU単位に区切り，両者を照らし合わせ，実験2と同じカテゴリーに分けた（5.1.3.1.3参照）．なお，被験者の再生したIUが下記のカテゴリーのうち2つ以上にわた

っている場合には，要素が最も強いと考えられるカテゴリーに分類した．

その結果，要点に含まれる IU は，それ以外の IU に比べて何らかの再生をされる割合が高かった．要点に含まれる IU を分類した結果，図5-16のようになった．各条件ともに，テキストの言葉通りに再生することはほとんどなく，自分の言葉に言い換えたり，部分的に再生することが多いということがわかった．

また，要点以外の IU に関する再生結果を分類したのが，図5-17である．ほとんどの情報が切り捨てられ，いずれの条件においても 8 割以上の情報は

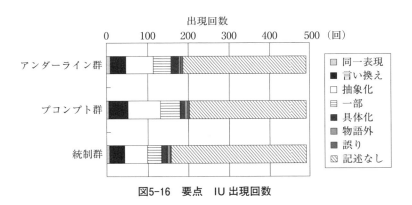

図5-16　要点　IU 出現回数

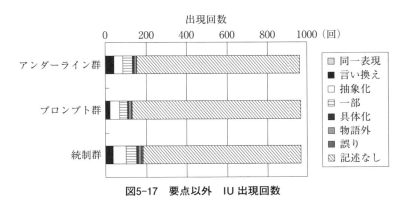

図5-17　要点以外　IU 出現回数

全く再生されていなかった．何らかの再生をされた情報については，自分の言葉に言い換えたり，部分的に再生される割合が高かった．

5.2.3.2 アンケート結果

5.2.3.2.1 制限時間内にテキストを読んだ回数

今回の実験では，7分間という制限時間の中でテキストを読んでもらった．図5-18は，その制限時間の中でテキストを何回読むことができたかという問いに対する回答をまとめたものである．この結果をみると，アンダーライン群は他の条件に比べて読み返している回数が少ないことがわかる．約7割の被験者は1回全体を読んだ後読み返しているだけであった．それに対し，プロンプト群は同じ制限時間の中で読み返す回数が多く，アンダーライン群とは読む速度に違いがみられた．また，統制群は，最後まで読み終わらなかった人から3回以上読み返した人まで広く分布しており，読み進める際の速度は様々であった．

5.2.3.2.2 下線への対応

アンダーライン群に割り当てられた際に，下線をひいた理由，あるいはひ

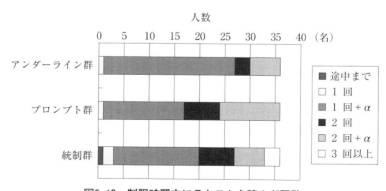

図5-18　制限時間内にテキストを読んだ回数

表5-9 下線ひきの有無の理由

ひいた理由	のべ人数（名）	ひかなかった理由	のべ人数（名）
ポイントを目立たせる	12	習慣がない	2
読み返す際のポイントとなる	8	必要を感じなかった	2
覚えやすくなる	5		
集中できる	3		
習慣である	1		
ひいてもよいと言われた	1		

かなかった理由について尋ねたところ，以下のような回答が得られた（表5-9参照）．なお，1人の回答に複数の項目が含まれていることがあり，理由について回答しなかった被験者もいたため，下線をひいた人数とのべ人数の合計は一致していない．

これらの結果をみると，被験者自身がポイントだと思う箇所に下線をひくことにより，覚えることを促進しようとしていることがわかった．また，集中するために下線をひいたという回答からは，素材が困難であり，軽く読んだだけでは内容を理解することが難しかったために，目だけではなく手も動かすことによって，課題への集中度を高めようとしていたことがわかった．

また，アンダーライン群に割り当てられた際に被験者自身がひいた下線およびプロンプトとしてあらかじめつけられていた下線について，それぞれどのように利用したのかを尋ねた結果についてまとめたのが表5-10である．こちらも，1人の回答に複数の項目が含まれていることがあり，理由について回答しなかった被験者もいたため，下線をひいた人数とのべ人数の合計は一致していない．

この結果から，被験者自身によってひかれた下線は，テキストにあらかじめつけられた下線と同様に，内容理解のためのポイントとしてとらえ，読み返す際にも優先的に目を向けるために利用されていたことがわかった．

表5-10　下線への対応

自分でひいた下線	のべ人数（名）	あらかじめつけられた下線	のべ人数（名）
覚える際のポイントとした	11	ポイントとして意識した	11
読み返す際のポイントとした	10	読み返す際のポイントとした	8
ポイントとして意識した	3	覚える際のポイントとした	7
意識しなかった	1	意識しなかった	5
		重要だと思った所だけ意識した	3
		他の部分が読めなくなった	1

5.2.4　考察

　以上のように内容や構造が複雑な素材を用いた本実験においても，テキスト中の重要な情報は下線の有無に関わらず再生されやすいという実験2の結果と一致した．

　また，要点となる情報の再生得点については，実際に下線のあったアンダーライン群およびプロンプト群が下線のない統制群よりも高かった．これは実際に下線があることによってその部分に目を向けやすくなったからだといえよう．今回の実験で用いたテキストは難易度が高く，量も多かったことから，情報の探索や選択を行わずに文章を読み，内容をまとめるということが困難であったと考えられる．そのために，選択された情報に下線という手がかりをつけておくことによって，全体の情報を整理したり，覚えたりする上で効果がみられたのだといえるだろう．また，アンダーライン群の被験者は重要だと考えた情報に下線をひいていることが多く，プロンプト群の被験者も「下線部＝重要箇所」という認識で読んでおり，重要だと判断された情報は再生されやすいことから，その部分の再生を高めていると考えることもできた．それに対し，統制群はたとえ情報の探索や選択を行いながら読んだとしても，その結果を貯蔵しておくことが困難であったために，他の2条件に比べて得点が低くなったのだと考えられた．また，統制群の被験者は下線と

いう手がかりがないことによって，テキストを読み返す際に重要な情報に直接目を向けることができず，再び探しながら読む必要があり，効率の悪い読み方をしていたのだといえるだろう．

　一方，要点以外の得点については，条件間の差は見られなかった．これは，下線のない部分についてはどの条件の被験者も同じ条件のテキストを読んだためだと考えられる．この際，アンダーライン群やプロンプト群は下線部を中心として読む為，下線部以外の情報を積極的に切り捨てている可能性がある．また，統制群は下線部以外の情報にも目を向けているが，それは重要な情報を探す為の作業の中でおこることであって，その部分の情報自体を得ようとしてのものではない．したがって，いずれの条件の被験者も要点以外の情報，すなわち重要度の低い情報に対して積極的に目を向けていないために，各条件ともに得点が低くなり，成績に差が見られなかったのだと考えられた．

　また，アンケートの結果から，アンダーライン群の被験者は他の2条件の被験者に比べて同じ制限時間の中で読み返すことのできた回数が少なかったということがわかった．しかし，読み返した回数が少ないからといって得点が低くなるわけではなく，むしろ要点の得点についてはプロンプト群と同じように高い得点を示した．これは，下線をひきながら読むことによって，読む速度そのものは低下したが，覚えるポイントや読み返すポイントとして自分で選択した部分に下線をひいたことにより，それらの情報に優先的に目を向けることができ，ゆっくりではあるが確実にそれらの情報を獲得することができたために，得点が高くなったのであろうと考えられた．

第3節　実験4：短期大学生の文章読解において下線をひくことによる影響

5.3.1　目的

　これまでに行った3実験の被験者の中には，これまでの学校生活において

受験にむけた訓練を積んできた人々が比較的多かった．本研究における実験ではその手続きや内容がテスト勉強に近い要素を含んでいるため，テスト勉強に慣れているという被験者の特性が，実験の結果に何らかの影響を与えているのではないかと考えられた．

そこで本実験では，推薦入試で入学してくる学生がほとんどであり，一般受験での志願者もほぼ全員入学できるという状況であるために，これまで受験のための訓練をあまり受けてこなかったと考えられる短期大学の学生を被験者とした実験を行うことにより，これまでの実験とは異なる学習者集団のテキスト読解において下線ひき行動が及ぼす影響について検討することを目的とした．

5.3.2　方法

5.3.2.1　被験者
首都圏にあるＢ短期大学の学生18名を被験者とした．

5.3.2.2　実験条件
これまでの実験と同様に以下の３条件（4.2.2参照）を設け，各被験者は各条件にそれぞれ１試行ずつ割り当てられるようにした．
(1)アンダーライン群
(2)プロンプト群
(3)統制群

この際，テキスト，実験群，試行順序から考えられる18パターンに１人ずつ被験者を配し，これらの影響が相殺されるようにした．

5.3.2.3　実験材料
実験２で用いたテキストと同一のものを用いた．それらは，小笠原(1998)の『OLたちの〈レジスタンス〉　サラリーマンとOLのパワーゲー

ム』，白幡 (1996) の『旅行ノススメ　昭和が生んだ庶民の「新文化」』，三井 (1998) の『ガーデニングの愉しみ　私流庭づくりへの挑戦』の一節にそれぞれ手を加えたものである (5.1.2.3および資料2参照).

なお，プロンプト群の被験者に配付するテキストは，キーワード部分にあらかじめ下線をひいておいた．アンダーライン群および統制群の被験者に対しては下線のひかれていないテキストを与えた．

5.3.2.4　実験手順

これまでの実験と同様にテキスト読解 (80秒)→計算問題 (1分)→再生テスト (4分30秒)→アンケートという流れで実験を3試行行い，最後に文章を読む際の普段の習慣などについてのアンケートを行った (各段階の内容については4.2.4を参照のこと).

実験を始める前に，実験の手順を被験者に口頭で説明した．その際，実験に用いられるテキストの量，テストの形式，制限時間などについて知らせた．これは，試行を重ねて実験に慣れることによるテスト結果への影響をできるだけ減らすためである．

5.3.2.5　解答の評価

再生テストの結果の分析は実験3と同様に，IU単位で行った．テキスト全体，および被験者の再生文をIU単位に区切り，両者を照らしあわせた．各IUに含まれる情報をどの程度正確に伝えているかによって1つのIUにつき2点満点とし，0，1，2点のいずれかで評価した．

5.3.3　結果

5.3.3.1　再生テスト結果

5.3.3.1.1　下線箇所と再生箇所との対応

被験者の再生文をIUごとに分けたものを下線の有無別に分け，再生率を

比較した(図5-19参照).なお,下線部の定義は各条件ともにこれまでの実験におけるものと同じである(5.1.3.1.1参照).アンダーライン群に割り当てられた際に1箇所でも下線をひいた被験者は11名であり,それらの被験者が下線をひいた箇所数は平均4.90箇所であった.また,そのうち実験者の設定したキーワードと一致した割合は80.76%であった.

アンダーライン群の被験者のテストにおいて,下線部の平均再生率は59.3% ($SD=0.496$),下線部以外の平均再生率は21.9% ($SD=0.414$)であり,t検定の結果,下線部の再生率は下線部以外に比べて有意に高かった ($t(358)=35.095$, $p<.01$).また,プロンプト群の被験者のテストにおいて,下線部の平均再生率は63.3% ($SD=0.485$),下線部以外の平均再生率は15.6% ($SD=0.363$)であり,t検定の結果,下線部の再生率は下線部以外に比べて有意に高かった ($t(358)=97.863$, $p<.01$).

さらに,これまでの実験と同様に,統制群の被験者の再生文についても検討したところ,下線部(キーワード)の平均再生率は55.6% ($SD=0.500$),下線部以外の平均再生率は25.2% ($SD=0.435$)であり,t検定の結果,下線部の再生率は下線部以外に比べて有意に高かった ($t(358)=30.492$, $p<.01$).

以上のように,いずれの条件においても,下線部の情報はそれ以外の部分

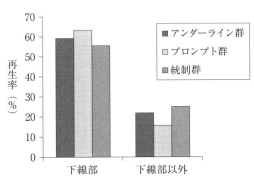

図5-19 下線有無と再生率(実験4)

に比べて再生されやすく，キーワードの情報は下線がなくても再生されやすいということが示された．

5.3.3.1.2 各条件の影響

キーワードに含まれていた各IUについて1個あたりの平均得点を用いて，実験条件による1要因分散分析を行った結果，図5-20に示すように実験条件要因による差は5％水準で有意であった（$F(2, 267) = 3.134$, $p < .05$）．LSD法による多重比較を行った結果，プロンプト群の得点がアンダーライン群に比べて有意に高かった．

キーワード以外の部分に含まれていたIUについても1個あたりの平均得点を用いて同様の分析を行ったところ，図5-21に示すように実験条件要因による差は5％水準で有意であった（$F(2, 807) = 3.692$, $p < .05$）．LSD法による多重比較を行った結果，プロンプト群の得点がアンダーライン群および統制群に比べてそれぞれ有意に低かった．

5.3.3.1.3 再生パターンの検討

テキストおよび各被験者の再生文をキーワードとそれ以外とに分け，それぞれをIU単位に区切って比較することにより，5.1.3.1.3で設定した8カ

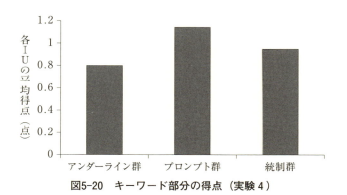

図5-20　キーワード部分の得点（実験4）

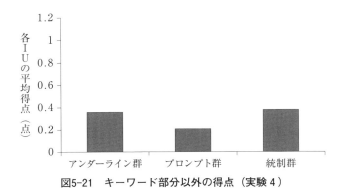

図5-21　キーワード部分以外の得点（実験4）

テゴリーに分類した．なお，被験者の再生したIUが2つ以上のカテゴリーにわたっている場合には，要素が最も強いと考えられるカテゴリーに分類した．キーワード部分を含むIUの再生文を分類した結果が図5-22であり，それ以外の情報を分類した結果が図5-23である．

　この結果をみると，これまでの実験における結果と同様に，キーワードの情報はそれ以外の情報に比べて，何らかの再生をされる割合が高いということがわかった．しかし，多く再生されたキーワードの情報についても，何の再生もされない割合がいずれの条件においても他の再生カテゴリーよりも多いという結果であった．また，キーワードの情報を再生する時には，テキストの言葉通りに再生されたものと，自分の言葉に言い換えて再生されたものが同じ程度の割合を占めた．中でもプロンプト群の被験者は他の2条件に比べてこれらのカテゴリーに分類される正確性の高い再生をする割合が高かった．一方，キーワード以外の情報はいずれの条件においてもほとんど再生されなかった．また，キーワードの情報とは逆に，プロンプト群において自分の言葉に言い換えて再生されることは，他の条件に比べて非常に少なかった．

5.3.3.1.4　下線ひき行動の有無と成績

　先にも述べた通り，18名の被験者のうち，アンダーライン群に割り当てら

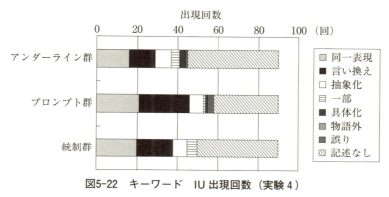

図5-22　キーワード　IU 出現回数（実験4）

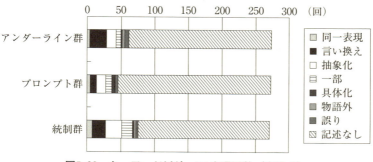

図5-23　キーワード以外　IU 出現回数（実験4）

れた際に，1箇所でも実際に下線をひいたのは11名であった．これは，これまでの3実験において下線ひき行動をとった人たちの割合に比べると低いものであった．そこで，下線ひき行動を許可している状況下における下線ひき行動の有無とテストの得点との関係を探るために，以下の分析を行った．

まず，キーワード部分の得点について，実験条件および下線ひき行動の有無による2要因分散分析を行った結果，実験条件（$F(2, 264) = 2.246$, $p < .05$），下線ひき行動の有無（$F(2, 264) = 15.359$, $p < .01$）の両要因ともに有意な差が見られた．LSD 法による多重比較の結果，プロンプト群の成績がアンダー

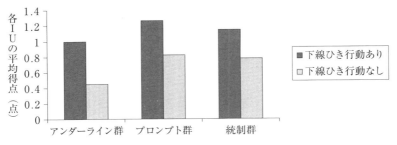

図5-24　キーワード部分の得点（実験4：1IUあたり）

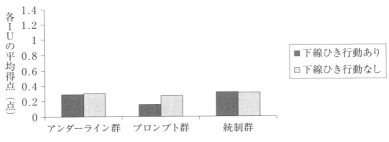

図5-25　キーワード部分以外の得点（実験4：1IUあたり）

ライン群よりも高く，下線ひき行動を行った人の成績は行わなかった人よりも高かった（図5-24参照）．

キーワード部分以外の得点についても同様に，実験条件および下線ひき行動の有無による2要因分散分析を行った結果，実験条件要因（$F(2,804)=2.747, p<.10$）に有意傾向が見られ，下線ひき行動の有無による有意差は見られなかった（$F(2,804)=1.095, n.s.$）．LSD法による多重比較の結果，プロンプト群の成績がアンダーライン群，統制群よりも低かった（図5-25参照）．

5.3.3.2　アンケート結果

5.3.3.2.1　制限時間内に読むことのできた回数

図5-26は，80秒という制限時間の中で，与えられたテキストを何回読むこ

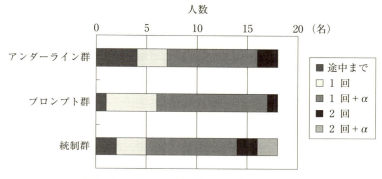

図5-26 制限時間内に読んだ回数（実験4）

とができたかという問いへの回答結果である．この結果をみると，アンダーライン群では，途中までしか読むことのできなかった人たちが多いことがわかる．また，いずれの条件においても「1回全体を読んだ後読み返した」という回答が最も多く，何度も読み返せるような時間的余裕はなかったということがわかった．

5.3.3.2.2 下線への対応

表5-11は，アンダーライン群にわりあてられた際に下線をひいた理由あるいはひかなかった理由について尋ねた結果をまとめたものである．なお，複数の回答をした被験者や，回答しなかった被験者も存在したため，のべ人数の合計と全体の被験者数とは一致していない．

回答結果をみてみると，下線をひいた被験者達は，覚えるポイントや読み返すポイントとして目を向けやすくするために下線をひいたと答えていた．また，下線をひかなかった理由として最も多かったのは「余裕がなかった」という回答であり，ここには与えられた読解時間が短かったことによる影響がみられた．

また自分でひいた下線やあらかじめテキストにつけられた下線に対する対

表5-11　下線の有無の理由

回答	のべ人数（名）	回答	のべ人数（名）
覚えやすくなる	5	余裕がなかった	4
ポイントを目立たせる	3	必要を感じなかった	1
読み返す際のポイントとなる	3	邪魔になる	1
		何も考えていなかった	1

表5-12　下線への対応

回答	のべ人数（名）	回答	のべ人数（名）
覚えるポイントとした	7	覚えるポイントとした	13
読み返すポイントとした	3	読み返すポイントとした	4
時間が足りなくなった	1	邪魔だと感じた	1
		意識しないようにした	1

応についてまとめたものが表5-12である．これらの下線への対応の仕方としては，両者ともに覚えたり読み返したりするためのポイントとして利用したことがわかる．ただし中には，下線をひくことにより「時間が足りなくなった」という回答や，自分でひいたわけではない下線強調を「邪魔だと感じた」という回答もみられた．

5.3.4　考察

　以上のように，短期大学生を対象とした本実験においても，これまでの実験と同様に，キーワードの得点はそれ以外の部分に比べて高く，キーワードの情報を選び出せるかどうかが読解に関わっていると考えられた．

　また，学習者に下線ひき行動を許可した場合には，キーワード部分，それ以外の部分ともに統制群の再生得点との差は見られなかった．この理由としてまず考えられるのは，これまでの実験結果と同様に，下線をひくことに時間をとられるため，他の2条件に比べて読解にかける時間が短くなってしまうという負荷になってしまったということである．アンケートの結果からも

途中までしか読むことのできなかった被験者の数が他の 2 条件よりも多かった．

また，18 名のうち 7 名が下線ひき行動を全く行わなかったことから，下線ひき行動を学習方略としてうまく活用した被験者が少なかったということも影響していると考えられた．下線ひき行動を行わなかった被験者にとっては，統制群の条件と変わらないものであり，再生結果への影響がなかったのだといえよう．下線ひき行動をとった被験者ととらなかった被験者とに分け，成績の違いを分析したところ，キーワード部分の得点について，いずれの条件に割り当てられた時でも，下線ひき行動を行う被験者は行わない被験者に比べて高い成績を示した．これは，下線ひき行動を行う被験者が，自分自身で情報を選択しやすくするために下線をひくという方略を持っているために，そのような方略を持っていない被験者よりも全体的に読解成績が高いのだと考えられた．しかし，今回の実験で用いたテキストは内容や構造がはっきりしていたため，もともと成績の高い下線ひき行動をとる被験者にとっては，下線がなくてもキーワードを見つけだすことができ，下線をひくこと自体による成果が現れなかったのだといえる．

一方，下線ひき行動をとらなかった被験者の多くは，「ひく余裕がなかった」と感じており，短い時間の中で与えられたテキストを読むことだけで精一杯であったと考えられる．そのような被験者にとって，「下線をひいてもよい」という教示によってテキストを読むことだけに集中できなくなったために，逆に負荷となり，成績が下がったのだと考えられた．

それに対し，キーワード部分をあらかじめ下線で強調することは，その部分の再生を高めるという効果が明らかになった。しかし同時に，下線をつけていない部分の再生得点が他の 2 条件よりも低くなるという負の効果も見られた．これは，限られた時間の中で文章を読んでいる際，視覚的に強調された下線部に目が向けられることによって，それ以外の部分に目を向けることができなくなってしまったことによると考えられた．つまり，強調された部

分を中心として全体の情報を取り込んでいくのではなく，強調された情報のみに絞って目を向けていると考えることができる．このような読み方をする理由としては，全ての情報に目を向けるための時間が不十分であったこと，記憶できる情報の容量が小さいために情報量を絞ろうとしたことの2点が考えられた．

また，このように強調されたキーワードのみに目を向けるという傾向は，下線ひき行動をとる被験者に特に顕著にみられた．これは，下線ひき行動をとる被験者は，情報のレベル分けをする傾向が強いために，自分でひいた下線でなかったとしても，重要度の高い情報を選び出すという目的のために利用しているからだと考えられた．したがって，プロンプトをこのように用いる学習者に対してテキストを与える場合には特に，教材作成者による情報の重みづけが読み手の読解過程に反映されやすいと考えられ，強調する情報を注意深く選ぶ必要があるといえるであろう．

第4節　実験5：読解への制限時間がない状況において下線をひくことによる影響（四年制大学生の場合）

5.4.1　目的

これまでの実験では，読解時間に制限を設けた状況において，下線ひき行動およびあらかじめつけられた下線の効果について論じてきた．しかし，学習者自身が下線をひく場合には，下線をひくことにかける時間を必要とするため，短い制限時間の中では不利に働くのではないかと考えられた．

そこで本実験では，四年制大学の学生を対象として，読解時間に制限のない状況におけるテキストへの下線ひき行動およびプロンプトとしてあらかじめつけられた下線による再生成績への影響について検討することとした．また，個々の被験者が読解にかける時間の長さと再生成績との関係からその読解過程を探ることとした．

5.4.2 方法

5.4.2.1 被験者
首都圏にあるA大学の1年生36名を被験者とした．

5.4.2.2 実験条件
これまでの実験と同様に以下の3条件（4.2.2参照）を設け，各被験者は各条件にそれぞれ1試行ずつ割り当てられるようにした．
(1) アンダーライン群
(2) プロンプト群
(3) 統制群

この際，テキスト，実験条件，試行順序から考えられる36パターンに1人ずつ被験者を配し，これらの影響が相殺されるようにした．

5.4.2.3 実験材料
実験2および4で用いたテキストと同一のものを用いた．それらは，小笠原（1998）の『OLたちの〈レジスタンス〉 サラリーマンとOLのパワーゲーム』，白幡（1996）の『旅行ノススメ 昭和が生んだ庶民の「新文化」』，三井（1998）の『ガーデニングの愉しみ 私流庭づくりへの挑戦』の一節にそれぞれ手を加えたものである．各テキストは13文程度から成る450字程度の文章であり，構成としては，導入部に続いて，5つの項目について述べる，という形に統一した．また，各項目については，最初に命題を述べその後にそれらの説明が続く，という形が5回繰り返されるように統一した（5.1.2.3および資料2参照）．

なお，プロンプト群の被験者に配付するテキストには，キーワード部分にあらかじめ下線をひいておいた．アンダーライン群および統制群の被験者に対しては下線のひかれていないテキストを与えた．

5.4.2.4 実験手順

これまでの実験と同様に，テキスト読解→計算問題（1分）→再生テスト→アンケートという流れで実験を3試行行い，最後に文章を読む際の普段の習慣などについてのアンケートを行った（各段階の内容については4.2.4を参照のこと）．テキスト読解および再生テストへの制限時間は設けなかった．

実験を始める前に，実験の手順を被験者に口頭で説明した．その際，実験に用いられるテキストの量，テストの形式，制限時間などについて知らせた．これは，試行を重ねて実験に慣れることによるテスト結果への影響をできるだけ減らすためである．その上で，テストに答えられるぐらいテキストの内容を把握できたと判断した時点で，被験者に申告してもらい，読解を終了させた．また覚えていることをすべて再生した時点で書くのをやめ，申告してもらった．

5.4.2.5 解答の評価

再生テストの結果の分析は実験4と同様に，IU単位で行った．テキスト全体，および被験者の再生文をIU単位に区切り，両者を照らしあわせた．各IUに含まれる情報をどの程度正確に伝えているかによって1つのIUにつき2点満点とし，0，1，2点のいずれかで評価した．

5.4.3 結果
5.4.3.1 再生テスト結果
5.4.3.1.1 情報の内容と再生箇所との対応

被験者の再生文をIUごとに分けたものをキーワードとそれ以外とに分け，再生率を比較した（図5-27参照）．なお，これまでの実験では，下線部とそれ以外とに分け，同様の比較をしてきたが，それらの結果から，下線部の情報はそれ以外の部分に比べて再生されやすいということがわかった．しかしそのような再生率の違いを生み出す理由として，下線の有無そのものによる影

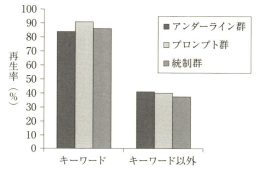

図5-27　情報の内容と再生率（実験5）

響よりも情報の重要度や種類による影響の方が大きいと考えられたため，本実験においてはキーワードとそれ以外とに分けて比較することとした．これにより，すべての条件における情報の区分を統一することができた．

　なお，アンダーライン群に割り当てられた際に1箇所でも下線をひいた被験者の数は29名であり，平均5.53箇所に下線をひいていた．また，これらの下線のうち実験者の設定したキーワードと一致した割合は63.82％であった．

　アンダーライン群の被験者のテストにおいて，キーワードの平均再生率は83.9％（$SD=0.136$），それ以外の情報の平均再生率は41.4％（$SD=0.243$）であり，t 検定の結果，キーワードの再生率はそれ以外に比べて有意に高かった（$t(719)=10.614, p<.01$）．また，プロンプト群の被験者のテストにおいて，キーワードの平均再生率は91.1％（$SD=0.081$），それ以外の情報の平均再生率は40.5％（$SD=0.241$）であり，t 検定の結果，キーワードの再生率はそれ以外に比べて有意に高かった（$t(719)=13.106, p<.01$）．さらに，統制群の被験者のテストについても検討したところ，キーワードの平均再生率は86.1％（$SD=0.120$），それ以外の情報の平均再生率は37.8％（$SD=0.485$）であり，t 検定の結果，キーワードの再生率はそれ以外に比べて有意に高かった（$t(721)=12.363, p<.01$）．

以上のように，各条件ともにキーワードはそれ以外の情報に比べて再生されやすいということが示された．

5.4.3.1.2 各条件の影響

キーワードに含まれていた IU について 1 個あたりの平均得点を用いて，実験条件による 1 要因の分散分析を行った結果，図5-28に示すように有意差は見られなかった（$F(2, 537) = 1.704, n.s.$）．

キーワード以外の部分に含まれていた各 IU の平均得点についても同様の分析を行ったところ，図5-29に示すように，こちらも実験条件要因による有

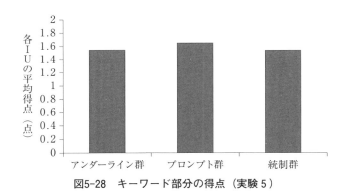

図5-28　キーワード部分の得点（実験5）

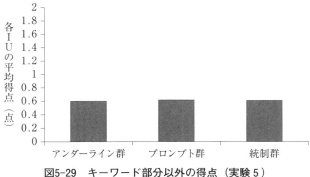

図5-29　キーワード部分以外の得点（実験5）

意差は見られなかった（$F(2, 1617) = 0.198, n.s.$）．

5.4.3.1.3 再生パターンの検討

テキストおよび各被験者の再生文をキーワードとそれ以外とに分け，それぞれを IU 単位に区切って比較することにより，5.1.3.1.3で設定した8カテゴリーに分類した．なお，被験者の再生した IU が2つ以上のカテゴリーにわたっている場合には，要素が最も強いと考えられるカテゴリーに分類した．キーワード部分を含む IU についての再生文を分類した結果が図5-30で

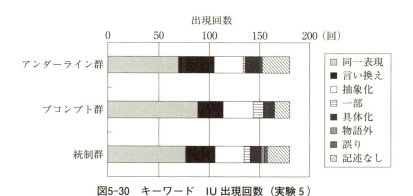

図5-30　キーワード　IU 出現回数（実験5）

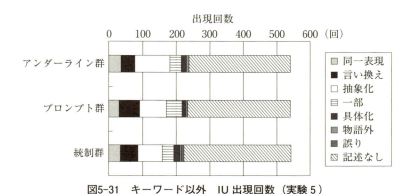

図5-31　キーワード以外　IU 出現回数（実験5）

あり，それ以外の情報を分類した結果が図5-31である．

この結果，読解時間に余裕があった本実験においては，いずれの条件においてもキーワードの情報をテキストの言葉通りで再生することが非常に多かった．自分の言葉に言い換えて再生したり，具体的情報を省いて再生した被験者も含めると，ほとんどの被験者がテキストの情報をほぼ正確な意味で伝える再生をしていたということがわかった．

また，キーワード以外の情報については，半分以上の情報について何の記述もされていなかった．再生された情報は，具体的情報を省いて再生されることが最も多かった．

5.4.3.1.4 各条件における読解時間の長さ

本実験では，読解時間の制限を設けていなかったため，テキストを読むために費やした時間はそれぞれの被験者によって様々であった．

それぞれの条件における被験者が読解にかけた時間の分布は図5-32に示す通りであった．これをみると，アンダーライン群と統制群がほぼ同じような分布で，半数以上が2分から4分という時間に集中していたのに対し，プロンプト群では，2分から4分かけて読んだ人たちと同数の被験者が2分以内に読むのを終えていた．したがって，下線という目印をつけたプロンプト群

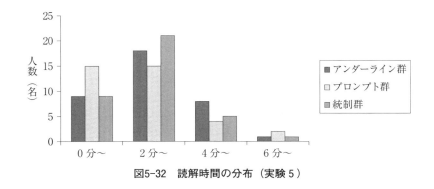

図5-32　読解時間の分布（実験5）

は，短い時間でも全体の内容を理解できたと感じやすかったことがわかった．

5.4.3.1.5 読解時間の長さと得点との関係

先述したように，本実験では，読解時間の制限を設けていなかったため，テキストを読むために費やした時間はそれぞれの被験者によって様々であった．そこで，それぞれの被験者が読解にかけた時間の長さと，キーワードおよびそれ以外の情報それぞれのIU得点との関係について実験条件ごとに検討した．

その結果，アンダーライン群の被験者のIU得点と読解時間の長さとの関係は図5-33に示す通りであった．キーワード部分の得点と読解時間の長さとの相関係数は.318であり，有意傾向がみられた（$F(1, 34) = 3.825, p < .10$）．キーワード以外の得点と読解時間の長さとの相関係数は.369であり，有意であった（$F(1, 34) = 5.359, p < .05$）．

次に，プロンプト群の被験者のIU得点と読解時間の長さとの関係は図5-34に示す通りであった．キーワード部分の得点と読解時間の長さとの相関係数は.158であり，有意ではなかった（$F(1, 34) = 0.027, n.s.$）．キーワード

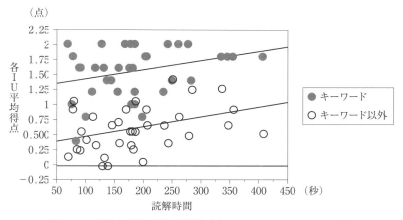

図5-33　得点と読解時間の関係（実験5：アンダーライン群）

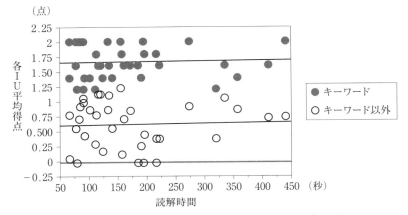

図5-34　得点と読解時間の関係（実験5：プロンプト群）

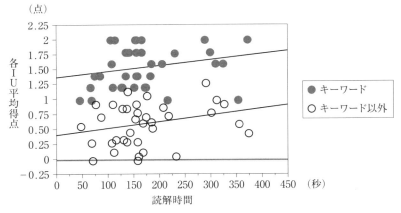

図5-35　得点と読解時間の関係（実験5：統制群）

以外の得点と読解時間の長さとの相関係数は.202であり，有意ではなかった（$F(1, 34) = 0.042, n.s.$）．

　また，統制群の被験者のIU得点と読解時間の長さとの関係は図5-35に示す通りであった．キーワード部分の得点と読解時間の長さとの相関係数は.239であり，有意ではなかった（$F(1, 34) = 2.060, n.s.$）．キーワード以外の

第 5 章　要因の検討　　111

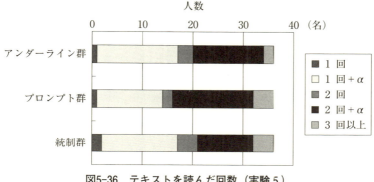

図5-36　テキストを読んだ回数（実験5）

得点と読解時間の長さとの相関係数は.266であり，有意ではなかった ($F(1, 34) = 2.589$, n.s.).

5.4.3.2　アンケート結果
5.4.3.2.1　テキストを読んだ回数

図5-36は，各条件にわりあてられた際にテキストを何度読んだかという質問への回答をまとめたものである．人によって読んだ回数には差があるものの，実験条件による大きな違いはみられなかった．

また，制限時間がないにも関わらず，ほとんどの被験者は1度か2度全体を読んだ後，部分的に読み返した程度で読むのをやめており，何度も繰り返し読んだという被験者はわずかであった．

5.4.3.2.2　下線への対応

表5-13は，アンダーライン群にわりあてられた際に下線をひいた理由あるいはひかなかった理由について尋ねた結果をまとめたものである．なお，1人の回答に複数の項目が含まれていることがあり，一方で回答しない被験者もいたため，のべ人数の合計と全体の被験者数とは一致していない．下線を

表5-13　下線ひきの有無の理由

ひいた理由	のべ人数（名）	ひかなかった理由	のべ人数（名）
ポイントを目立たせる	19	必要を感じなかった	3
読み返すポイントとする	5	見にくくなる	2
覚えやすくなる	4	余裕がなかった	1
情報を整理できる	3		

表5-14　下線への対応

自分でひいた下線	のべ人数（名）	あらかじめつけられた下線	のべ人数（名）
覚える際のポイントとした	22	覚える際のポイントとした	15
ポイントとして意識した	3	読み返す際のポイントとした	9
意識しなかった	3	ポイントとして意識した	2
あえて他の部分にも目を向けるようにした	3	再生のポイントとした	1
読み返す際のポイントとした	2		
他の所へ目が向かなくなった	1		

　ひいた人たちの回答をみると，ポイントだと判断した情報を目立たせることにより，理解を助けようとして下線をひいたことがわかった．一方，下線をひかなかった人たちの回答をみると，テキストが単純だったために必要なかったという声や，全体の情報が見にくくなるからなどといった理由で「あえて」ひかなかった人たちが目立った．

　また，自分でひいた下線やあらかじめテキストにつけられた下線に対する対応についてまとめたものが表5-14である．どちらの下線も覚える際のポイントとしたという回答がほとんどであった．また自分で下線をひいた場合には，その部分だけに目を向けるのではなく他の情報にも目を向けるようにしたという回答も見られた．

5.4.4 考察

　以上のように，読解時間に制限を設けずに行った本実験においても，キーワードの情報はその他の情報に比べて再生されやすいというこれまでの実験結果と一致した．

　また，再生得点や再生パターンについては実験条件による違いがみられなかった．しかし，読解にかけた時間の長さと得点との関係について検討したところ，情報獲得の過程に違いがあるのではないかと考えられた．

　アンダーライン群の被験者は，読解時間を少ししかかけなければ，情報を十分に獲得することができておらず，読解時間を多くかけることによって再生得点も高くなっていくという関係が見られた．それに対し，プロンプト群の被験者はあらかじめテキストの構造やキーワードをつかみやすくなっているため，あまり多くの読解時間をかけなかった被験者でも高い得点をとることがあった．特にキーワードの情報については，読解時間の長さに関わらず，安定した得点を示していた．つまり，もともとのテキストに何の手がかりもないアンダーライン群の被験者は，キーワードとなる情報を探しながら読んでおり，内容や構造を整理しながら読んでいるのだと考えられる．その過程において，「下線をひく」ための時間も必要とするため，読解時間が短い場合には情報を十分に獲得することができないのであろう．それに対し，プロンプト群に与えられたテキストにはあらかじめ下線という手がかりがあるため，それらの情報に目を向けやすく，多くの時間をかけなくても全体の概要やテキストの構造をつかむことができたのだと考えられる．

　また，読解の過程においてこのような違いがあったにも関わらず，最終的な再生テストの結果において違いが見られなかった理由として，各被験者が自由に時間をかけることができたため，各自が読み返したりポイントを確認したりすることによって足りない情報を十分に補い，整理することができたからであろうと考えられた．いずれの条件においてもこのような作業が行われたために，再生テストの得点や読解時間の長さへの実験条件による影響が

みられなかったのであろう．

第5節　実験6：読解への制限時間がない状況において下線を
　　　　　　ひくことによる影響（短期大学生の場合）

5.5.1　目的
　実験4において，短期大学生は四年制大学生に比べ，下線ひき行動をとる割合が低いという結果が示された．この理由として，受験経験の違いなどによりこれまでの学習習慣が異なり，下線ひき行動を学習方略として用いる習慣がないこと，読解に与えられた制限時間が短すぎたことによって下線をひく余裕がなかったことが考えられた．

　そこで，本実験においては短期大学生を対象として読解への制限時間を設けずに実験を行うことにより，下線をひかない理由について探るとともに，そのような状況におけるテキストへの下線ひき行動およびプロンプトとしてあらかじめつけられた下線が文章再生に与える影響について検討することとした．また，個々の被験者が読解にかけた時間の長さと再生成績との関係から読解過程について検討することとした．

5.5.2　方法
5.5.2.1　被験者
　首都圏にあるB短期大学の1年生18名を被験者とした．

5.5.2.2　実験条件
　これまでの実験と同様に以下の3条件（4.2.2参照）を設け，各被験者は各条件にそれぞれ1試行ずつ割り当てられるようにした．
　(1)アンダーライン群
　(2)プロンプト群

(3)統制群

この際，テキスト，実験条件，試行順序から考えられる18パターンに1人ずつ被験者を配し，これらの影響が相殺されるようにした．

5.5.2.3 実験材料

実験2，4，5で用いたテキストと同一のものを用いた．それらは，小笠原（1998）の『OLたちの〈レジスタンス〉　サラリーマンとOLのパワーゲーム』，白幡（1996）の『旅行ノススメ　昭和が生んだ庶民の「新文化」』，三井（1998）の『ガーデニングの愉しみ　私流庭づくりへの挑戦』の一節にそれぞれ手を加えたものである．各テキストは13文程度から成る450字程度の文章であり，構成としては，導入部に続いて，5つの項目について述べる，という形に統一した．また，各項目については，最初に命題を述べその後にそれらの説明が続く，という形が5回繰り返されるように統一した（5.1.2.3および資料2参照）．

なお，プロンプト群の被験者に配付するテキストは，キーワード部分にあらかじめ下線をひいておいた．アンダーライン群および統制群の被験者に対しては下線のひかれていないテキストを与えた．

5.5.2.4 実験手順

これまでの実験と同様にテキスト読解→計算問題（1分）→再生テスト→アンケートという流れで実験を3試行行い，最後に文章を読む際の普段の習慣などについてのアンケートを行った（各段階の内容については4.2.4を参照のこと）．テキスト読解および再生テストへの制限時間は設けなかった．

実験を始める前に，実験の手順を被験者に口頭で説明した．その際，実験に用いられるテキストの量，テストの形式，制限時間などについて知らせた．これは，試行を重ねて実験に慣れることによるテスト結果への影響をできるだけ減らすためである．その上で，テストに答えられるぐらいテキストの内

容を把握できたと判断した時点で，被験者に申告してもらい，読解を終了させた．また覚えていることをすべて再生した時点で書くのをやめ，申告してもらった．

5.5.2.5 解答の評価

再生テストの結果の分析は実験4や実験5と同様に，IU単位で行った．テキスト全体，および被験者の再生文をIU単位に区切り，両者を照らしあわせた．各IUに含まれる情報をどの程度正確に伝えているかによって1つのIUにつき2点満点とし，0，1，2点のいずれかで評価した．

5.5.3 結果
5.5.3.1 再生テスト結果
5.5.3.1.1 情報の内容と再生箇所との対応

実験5と同様に，被験者の再生文をIUごとに分けたものをキーワードとそれ以外に分け，再生率を比較した（図5-37参照）．なお，アンダーライン群に割り当てられた際に1箇所でも下線ひき行動を行ったのは13名であり，これらの被験者は平均7.46箇所に下線をひいていた．これらの下線のうち実験

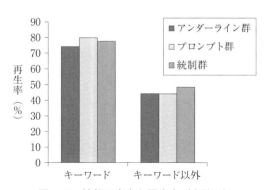

図5-37　情報の内容と再生率（実験6）

者側で設定したキーワードと一致していたのは56.70%であった.

アンダーライン群の被験者のテストにおいて,キーワードの平均再生率は74.4%（$SD=0.192$）,それ以外の情報の平均再生率は44.4%（$SD=0.248$）であり,t検定の結果,キーワードの再生率はそれ以外に比べて有意に高かった（$t(358)=5.095, p<.01$）.また,プロンプト群の被験者のテストにおいて,キーワードの平均再生率は80.0%（$SD=0.162$）,それ以外の情報の平均再生率は44.1%（$SD=0.247$）であり,t検定の結果,キーワードの再生率はそれ以外に比べて有意に高かった（$t(358)=6.207, p<.01$）.

さらに,これまでの実験と同様に,統制群の被験者のテストについても検討したところ,キーワードの平均再生率は77.8%（$SD=0.175$）,それ以外の情報の平均再生率は48.1%（$SD=0.251$）であり,t検定の結果,キーワードの再生率はそれ以外に比べて有意に高かった（$t(358)=5.057, p<.01$）.

以上のように,各群ともにキーワードはそれ以外の情報に比べて再生されやすいということが示された.

5.5.3.1.2 各条件の影響

キーワードに含まれていた情報について1IUあたりの平均得点を用い,実験条件による1要因の分散分析を行った結果,図5-38に示すように有意差

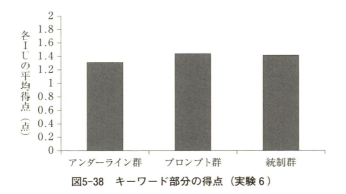

図5-38 キーワード部分の得点（実験6）

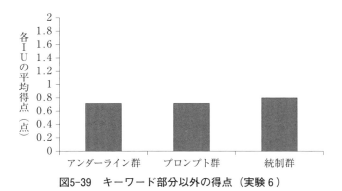

図5-39　キーワード部分以外の得点（実験6）

は見られなかった（$F(2, 267) = 0.388, n.s.$）.

　キーワード以外の部分に含まれていた情報についても，1IUあたりの平均得点を用い同様の分析を行ったところ，図5-39に示すように，こちらも実験条件要因による有意差は見られなかった（$F(2, 807) = 1.160, n.s.$）.

5.5.3.1.3　再生パターンの検討

　これまでの実験と同様に，テキストおよび各被験者の再生文をキーワードとそれ以外とに分け，それぞれをIU単位に区切って比較することにより，5.1.3.1.3において設定した8カテゴリーに分類した．なお，被験者の再生したIUが2つ以上のカテゴリーにわたっている場合には，要素が最も強いと考えられるカテゴリーに分類した．キーワード部分を含むIUについての再生文を分類した結果が図5-40であり，それ以外の情報を分類した結果が図5-41である．

　この結果，キーワードの情報は，テキストの言葉通りに再生されることが最も多く，自分の言葉に言い換えたり，部分的に省いたりして再生するという比較的テキストの内容を正確に伝える再生をされるということがわかった．また，プロンプト群は何の再生もされない割合が他の条件より低かった．

　一方，キーワード以外の情報は，キーワードの情報に比べると何の再生も

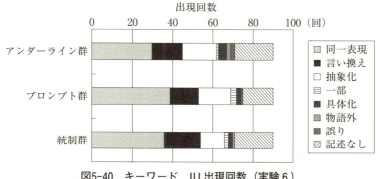

図5-40　キーワード　IU 出現回数（実験6）

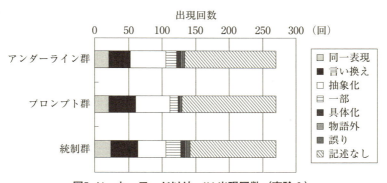

図5-41　キーワード以外　IU 出現回数（実験6）

されない割合がいずれの条件においても高く，約半分の情報については全く記述されていなかった．何らかの再生をする場合には部分的に再生したり，自分の言葉で再生したりすることが多かった．

5.5.3.1.4　各条件における読解時間の分布

　実験5と同様に本実験においても読解時間に制限を設けていなかったため，テキストを読むために費やした時間はそれぞれの被験者によって様々であった．

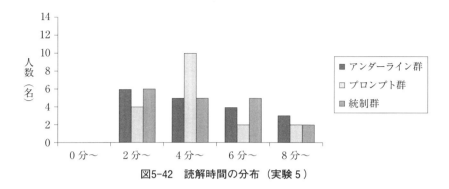

図5-42　読解時間の分布（実験5）

そこで，それぞれの条件における被験者が読解にかけた時間の分布を示したのが，図5-42である．この結果，いずれの条件においても2分以内に読むのをやめた被験者は全くいなかった．また，アンダーライン群と統制群の被験者が同様の分布を示し，幅広く分かれているのに対し，プロンプト群の被験者の半数以上は，4分～6分という読解時間に集中していた．

5.5.3.1.5　読解時間の長さと得点との関係

実験5と同様に，キーワード，それ以外の情報それぞれのIU得点と読解時間の分布について条件ごとに検討した．

その結果，アンダーライン群の被験者のIU得点と読解時間の長さとの関係は図5-43に示す通りであった．キーワード部分の得点と読解時間の長さとの相関係数は.478であり，有意であった（$F(1, 16) = 4.474, p < .05$）．キーワード以外の得点と読解時間の長さとの相関係数は－.054であり，有意ではなかった（$F(1, 16) = 0.047, n.s.$）．

次に，プロンプト群の被験者のIU得点と読解時間の長さとの関係は図5-44に示す通りであった．キーワード部分の得点と読解時間の長さとの相関係数は.262であり，有意ではなかった（$F(1, 16) = 1.179, n.s.$）．キーワード以外の得点と読解時間の長さとの相関係数は.622であり，有意であった（F

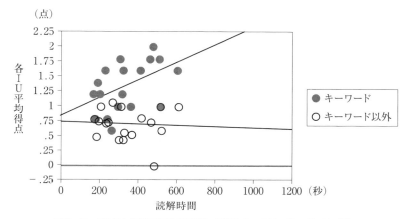

図5-43　得点と読解時間の関係（実験6：アンダーライン群）

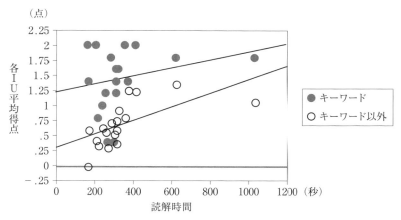

図5-44　得点と読解時間の関係（実験6：プロンプト群）

(1, 16) = 10.096, $p < .01$).

　また，統制群の被験者のIU得点と読解時間の長さとの関係は図5-45に示す通りであった．キーワード部分の得点と読解時間の長さとの相関係数は.328であり，有意ではなかった（$F(1, 16) = 1.193$, n.s.）．キーワード以外の得点と読解時間の長さとの相関係数は.133であり，有意ではなかった（$F(1,$

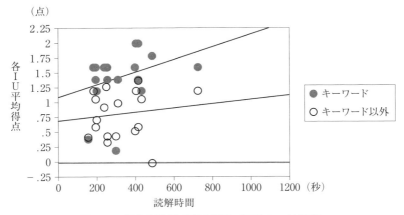

図5-45　得点と読解時間の関係（実験6：統制群）

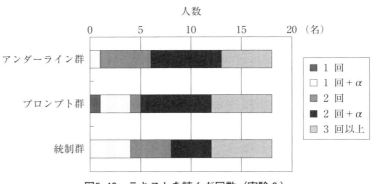

図5-46　テキストを読んだ回数（実験6）

16) $= 0.288$, n.s.）．

5.5.3.2　アンケート結果

5.5.3.2.1　テキストを読んだ回数

　図5-46は，各条件にわりあてられた際にテキストを何度読んだかという質問への回答をまとめたものである．いずれの条件においても，2回全体を読

んだ後部分的に読み返したり，さらに3回以上読んだ，といったように，何度も読み直したと報告した被験者が多く見られた．

5.5.3.2.2 下線への対応

表5-15は，アンダーライン群にわりあてられた際に下線をひいた理由あるいはひかなかった理由について尋ねた結果をまとめたものである．なお，1人の回答に複数の項目が含まれていたことがあり，回答していない被験者も存在したため，のべ人数の合計と全体の被験者数とは一致していない．下線をひいた人たちの回答をみると，ポイントだと判断した情報を目立たせるために下線をひいたという回答が多かった．下線をひかなかった理由としては，あえてひかなかったという被験者と，ひくことができなかった被験者の両方がいた．

また，自分でひいた下線やあらかじめテキストにつけられた下線に対する

表5-15 下線ひきの有無の理由

ひいた理由	のべ人数（名）	ひかなかった理由	のべ人数（名）
ポイントを目立たせる	12	必要を感じなかった	1
ポイントを意識する	2	余裕がなかった	1
		どこにひくべきかわからなかった	1

表5-16 下線への対応

自分でひいた下線	のべ人数（名）	あらかじめつけられた下線	のべ人数（名）
覚える際のポイントとした	10	覚える際のポイントとした	7
読み返す際のポイントとした	4	読み返す際のポイントとした	5
ポイントとして意識した	1	ポイントとして意識した	1
他の所へ目が向かなくなった	1		

対応についてまとめたものが表5-16である．この結果をみると，どちらの下線も覚えたり読み返したりするためのポイントとして利用したという回答が多く見られた．

5.5.4 考察

　以上のように，短期大学生を対象とし，読解時間に制限を設けずに行った本実験においても，キーワードの情報はその他の情報よりも再生されやすいということが明らかになり，これまでの実験結果と一致した．

　また，実験条件による再生得点や再生パターンへの大きな影響はみられなかった．これは，読解時間に制限がないため，それぞれの被験者が満足するまで時間をかけることができ，情報を十分に獲得し，整理することができたからであろう．

　読解時間の長さについては，いずれの条件においても多くの時間をかけており，被験者の回答から何度も読み返すことによって情報を獲得したということがわかった．また，プロンプト群の被験者は，半数以上が4分～6分という読解時間に集中しており，他の条件に比べて読解にかける時間の分布が狭くなるという傾向が見られた．これは，プロンプトを用いることによってテキストの構造の把握や読み返しが効率よくできるようになり，キーワードに目を向けた後，他の情報に目を向けるという読み方を導いたためであると考えられた．

　さらに，読解にかけた時間の長さと得点との関係について検討したところ，条件による情報の獲得過程の違いが考えられた．アンダーライン群の被験者は読解時間を多くかけることによって，キーワードの得点が高くなっていた．これはキーワードとその説明から成るそれぞれの項目を順に読んでいきながら，キーワードにあたる情報を探し出し，選択しているために，短い読解時間しかかけない場合にはキーワードの情報を見つけ出すこともできなかったからだと考えられた．

一方，プロンプト群の被験者は読解時間が短い場合にはキーワード以外の情報をほとんど再生しておらず，読解時間が長くなるにしたがって，キーワード以外の情報の得点が高くなった．これは，キーワードの情報があらかじめ視覚的に強調されているためまずそれらの情報から目を向けることができ，読解時間が短くても容易に獲得することができたのだと考えられた．その後，時間的余裕の中でそれらの情報に他の情報を補っていくという形でテキストを読んでいくために，読解時間を多くかけることによって，キーワード以外の情報も再生されるようになったのであろう．

　このように，情報を獲得していく過程には条件による違いが考えられた．しかし，先ほども述べたように，いずれの条件における被験者も，何度も読み返すという読み方をしているために，入力段階における実験条件の違いがあったとしても，その後十分な時間をかけて情報の確認や整理をすることができ，最終的な再生成績への影響がみられなかったのだと考えられた．

第6章　総合考察

第1節　各要因による影響

　第5章では，下線をひくことの効果に影響を及ぼすものとして第4章で考えられた再生時期の違い，読解時間の長さ，素材の難易度，学習者集団の違いという要因について検討するために行った5実験の結果について報告した．ただし，これらの実験は，できるだけ他の条件を統一した上で，それぞれの要因に関する条件を操作しながら行ったものであり，個々の実験結果だけをみることでは，これらの要因による影響について十分に述べることのできないものが多い．そこで本章では，実験間の比較をすることによってそれぞれの要因による影響をより明らかにしていくこととする．

6.1.1　再生時期の違い
　実験1において，下線ひき行動が読解成績に結びつかない原因の1つとして，読解直後に再生テストを行っているために，一時的に丸暗記することが可能であり，そのような場合には情報の整理があまり必要とされないからではないかと考えられた．そこで，実験2において，テキスト読解直後と1週間後に同じテストをすることによって，下線ひき行動やプロンプトの効果に対する再生時期の違いによる影響について検討した．

　直後のテストにおいてキーワード，それ以外の情報ともに下線ひき行動による影響はみられなかった．一方，プロンプトをつけることは，キーワードの再生を高めるという効果を持ち，それ以外の情報への影響は見られなかった．

1週間後に同形式のテストを行ったところ，いずれの下線に関しても，キーワード，それ以外の情報双方の再生に対して，直後のテストにおける効果を上回る効果は見られなかった．

　また，再生パターンについて直後のテスト結果と1週間後のテスト結果とを比較したところ，いずれの条件においても，直後のテストにおいてテキストの言葉通りに再生されることの多かったキーワードの情報について，1週間後のテストではテキストの言葉通りに再生される割合が大きく減少した．したがって，正確な再生をされていた情報の中にも一時的な丸暗記によって入力されていた情報と意味処理を行った上で入力されていた情報があったのだと考えられた．一時的に入力された情報は保持されにくいために，時間の経過とともに失われたのであろう．また，キーワード以外の情報の方が再生量の減少が大きかったことから，重要度の低い情報は失われやすいということがわかった．

　このように，情報の正確さが失われたり，再生量が減少したりする方向の変化が多かったものの，そのような変化だけでなく，直後のテストにおいて再生されなかった情報が1週間後に再生されることもあった．そこで，入力された情報はどんどん忘却されるという過程をたどり，再生される情報がどんどん減少していくだけではなく，再生に際して核となる情報をもとに再構成されると考えられた．

　以上より，再生時期の違いという要因による下線ひき行動およびプロンプトの効果への影響に関して，以下のようにまとめることができる．

(1)情報入力時にみられなかった下線ひき行動による効果は，その後の保持に対しても影響しない．

(2)プロンプトをつけることは，情報入力直後に強調部分の再生を高めるという効果をもつが，その後の保持において，入力時の効果を上回るような効果はみられない．また，強調部分以外の情報への効果は，入力直後におい

ても，その後の保持に対してもみられない．

6.1.2 読解時間の長さ

　実験 1 において，下線ひき行動が読解成績に結びつかない原因の 1 つとして，「テキストを読む」という行動と「下線をひく」という行動を同時に行っているために，それぞれの作業にかける時間が分散してしまい，短い制限時間しか与えられていない場合にはテキストを読むことを阻害しているという可能性が考えられた．そこで，実験 2，4，5，6 における結果をもとに，読解時間の長さという要因による下線ひき行動の出現およびその効果，プロンプトの効果への影響について考察していくこととする．

　まず，実験 2 では，読解に対して 40 秒，80 秒，120 秒という制限時間を設け，それぞれの時間のもとでの結果を比較したところ，テキストを軽く読み通せる時間を基準とした 40 秒という制限時間は，テキストの内容を整理したり覚えたりするためには不十分だということがわかった．そのため，キーワードに関する再生，それ以外の情報の再生ともに高い得点は示されなかった．

　また，このように短い制限時間の中で下線をひきながら読むということは，学習者にとって容易ではなかったようである．実験 2 において，読解時間が長くなるにしたがって，下線をひく人の数が増えたことからも，時間的余裕がなければ下線をひくことが難しいということが考えられる．統制群やアンダーライン群のように下線強調のないテキストを読む際には，キーワードのように，核となるような情報を探しながら読み進めているのではないだろうか（図 6-1 参照）．また，読解にかける時間を自由に与えた実験 5 や実験 6 において，読解にかける時間の長さに伴ってアンダーライン群の得点が高くなっていったという結果からも，十分な時間がなければ効果的な方略にはつながらないということを示しているといえるだろう．

　以上のように，下線をひくことは，時間的な余裕があってこそ方略として有効に機能するようになるものの，時間的に余裕があると下線をひく数が増

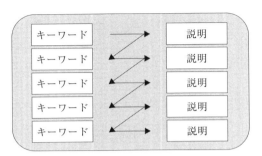

図6-1　アンダーライン群，統制群の読み方

え，キーワードとの一致率が低くなったことから，必ずしも重要な情報に確実に下線をひくことができるようになるわけではないと考えられた．また，時間的な余裕があることによってとられやすくなる行動ではあるが，十分な時間があったとしても全員がとるようになるというわけではない．そして下線ひき行動をとらない人たちの中には，「下線をひく必要がない」という下線をひかない人たちと，「どこにひくべきなのかわからない」という下線をひけない人たちとが存在していた．

　一方，あらかじめプロンプトをつけておくことは，制限時間のもとでテキスト読解を行った場合に，強調部分の再生得点を高めるという効果が明らかになった．これは，プロンプトのような手がかりが存在することにより，短い時間の中でもキーワードのような重要度の高い情報を効率良く探索することができたからだと考えられた．

　しかし，読解への制限時間を設けずに行った実験5や実験6においては，プロンプトによるこのような効果はみられなかった．この理由として，十分に時間をかけることのできる状況においては，いずれの条件でもテキストをゆっくりと読み返すことができたからだと考えられた．また，制限時間のない状態では，テキストの言葉通りに再生される割合が高くなったが，四年制大学の学生の場合，3回以上読み返した被験者はわずかであった．したがって，ただ何度も読み返して丸暗記していったという読み方ではなく，情報を

整理しながらゆっくりと読み返すことにより，テキストの内容が忠実に記憶されたからだと考えられた．このように確認しながら読み返すことが可能であれば，たとえプロンプトがなかったとしても，テキストの内容について十分に吟味することができ，自分自身でひいた下線部の情報を確認することも可能である．このように，それぞれの条件によってテキストを読む速度や獲得過程には若干の違いがあったとしても，いずれの条件も内容を十分に獲得することができたために，条件による再生得点への影響はみられなくなったのであろう．

　また，短期大学生を対象とした実験4においては，テキストにプロンプトをつけることにより，強調部分の情報の再生を高めるという効果をもつ一方で，それ以外の情報の再生を低めるという負の効果も示された．このように，選ばれた情報のみを獲得する理由として，記憶の容量に限界があること，また全体の情報に目を向けるような時間的余裕がないことが考えられた．この結果をふまえ，実験6において十分な読解時間のもとで検討した結果，他の条件よりもキーワードの得点が高くなるという効果も，それ以外の情報が再生されにくくなるという負の効果もみられなかった．このことから，プロンプトのつけられたテキストを読む際には，キーワード以外の情報が積極的に切り捨てられているわけではなく，時間的な制限の中で情報の優先順位をつけており，まずキーワードの情報に目を向けた後で，それ以外の情報にまで目を向けるという読み方をしているのだと考えられた（図6-2参照）．

　以上より，読解時間の長さという要因による下線ひき行動の出現およびその効果，プロンプトの効果への影響に関して，以下のようにまとめることができる．
(1)読解にかけることのできる時間が長くなるにしたがって，下線をひく人は増えるが，必ずしも適切な情報にひくことができるようになるわけではない．また，どんなに時間的余裕があったとしても，「下線をひく必要がな

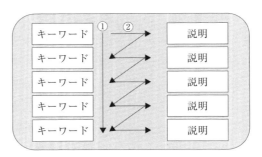

図6-2 プロンプト群の読み方

い」「どこにひくべきなのかわからない」という双方の理由により，全員が下線をひくようになるわけではない．

(2) 下線をひきながら読むという作業は，双方の作業にかける時間を必要とするため，読解時間が短い場合には不利である．時間を長くかけるにしたがって，効果も現れてくるが，それ自体が方略として必ずしも有効であるというわけではない．

(3) プロンプトをつけることは，獲得すべき情報を効果的に知らせることができるため，読解にかけることのできる時間が短い時に有効である．また，プロンプトの存在によって短時間で多くの情報を獲得することができるようになる．ただし，あまりにも読解時間が短い場合には，プロンプトという補助があったとしても，効果をもたらすことができない．

6.1.3 素材の難易度

実験1において，下線ひき行動が読解成績に結びつかない原因の1つとして，テキストが単純な場合には，読んだだけで内容を理解することができるため，下線を必要としないということが考えられた．そこで，実験2における直後のテスト結果と実験3におけるテスト結果をもとに，素材の難易度という要因による下線ひき行動，プロンプトの効果への影響について考察していくこととする．

実験 2 において，学習者自身が下線をひくことによる影響は，キーワードの情報についてもそれ以外の情報についても見られなかった．これは，構造が単純であるために，情報の探索や選択を容易に行うことができ，下線という補助を必要としなかったこと，学習者によっては丸暗記することが可能であったことにより，下線の有無に関わらず，同じような処理を頭の中で行っているからだと考えられた．それに対し，複雑なテキストを用いた実験 3 では，下線をひくことにより，テキストの要点となる情報の獲得を助けるという効果が明らかになった．これは，複雑なテキストの場合には丸暗記することが不可能であり，全体の中から必要な情報を選択的に獲得する必要があるからだと考えられる．それぞれの実験において再生された情報の量をみてみると，テキストの量の違いに匹敵するような再生量の違いは見られなかった．これは，我々が処理することのできる情報の量には限界があり，それを超える量の情報が与えられた時には，処理するべき情報の量を絞る必要があるからだと考えられた．このように，複雑なテキストの読解においては，情報の探索や選択の過程が，単純なテキストの場合よりもさらに重要な役割を果たすことになるといえるであろう．学習者自身が下線をひくという行動は，このような探索・選択過程において有効な方略として作用しており，複雑なテキストの読解のように探索・選択過程が必要とされる場面においてこそ下線ひき行動も効果を持つのだと考えられる．また，下線をひかれた情報は視覚的に強調されるため，読み返す際にプロンプトとしての効果をもつと考えることができる．アンダーライン群の被験者の多くは，複雑な素材を用いた際に「1度全体を読んだ後，部分的に読み返した」という程度しか読み返していなかったが，それにも関わらず情報を獲得できたのは，読み返す際に全体の核となるような重要な情報に適切に目を向けることができていたからだと考えられる．

　一方，テキストのキーワードや要点などといった重要度の高い情報にあらかじめプロンプトをつけることは，実験 2 においても実験 3 においても，強

調された情報に関する再生を高めた．つまり，このようなプロンプトの存在は文章の難易度に関わらず，強調された情報の獲得を助ける効果を持つことが明らかになった．これは，プロンプトの存在によって，テキストの構造や内容を視覚的にとらえることができ，全体的な内容を効率よく把握することができたからだと考えられる．このように効率よく内容を把握できることによって，制限時間の中でも時間的余裕が生まれやすく，残りの時間をテキストを読み返すために用いることができる．また，テキストを読み返す際には，ポイントとなる情報が強調されているために，積極的に目を向けることができる．このように下線を利用することによって，下線をつけられた情報そのものの再生を高めることができるのだと考えられた．

　また，いずれの下線も，テキストの難易度に関わらず，下線をひかれていない情報の再生には影響がみられなかった．先にも述べたように，テキスト読解においては，重要な情報を選択するという過程が含まれていると考えられる．したがって，下線のひかれていない情報は，この過程において選択されないため獲得されにくく，下線による影響を受けにくいのだと考えられた．また，下線のひかれていない情報が全面的に切り捨てられているわけではなく，重要度の高い情報を補完する形で獲得されているため，下線の存在によってこれらの情報の獲得が阻害されるというわけでもないようである．

　以上より，素材の難易度という要因による下線ひき行動，プロンプトの効果への影響に関して，以下のようにまとめることができる．
(1)テキストに下線をひきながら読むことは，単純素材の読解においては効果がみられないが，複雑素材の読解においては下線をひいた部分の再生を高めるという効果を持つ．
(2)あらかじめテキストの重要な情報を強調しておくことは，テキストの難易度に関わらず，その部分の情報の再生を高めるという効果を持つ．

6.1.4 学習者集団の違い

　実験1において，下線ひき行動が読解成績に結びつかない原因の1つとして，学習者がテキストの内容を容易に丸暗記することができる場合には，下線を必要としないということが考えられた．そこで，これまでに受験勉強を通じてテキストを読んだり，覚えたりする課題を多くこなしてきたと考えられる四年制大学生を対象とした実験2，5の結果と，推薦入試で入ってくる学生がほとんどであり，受験勉強というトレーニングをあまり積んでこなかったと考えられる短期大学の学生を対象とした実験4，6の結果をもとに，これまでの学習習慣の異なる学習者集団の違いという要因による下線ひき行動，プロンプトの効果への影響について考察していくこととする．

　短期大学生を対象とした実験4において，下線ひき行動を許可しても，まったく下線をひかない学習者の割合が四年制大学生よりも高いということがわかった．また，下線ひき行動をとる学習者はとらない学習者に比べ，いずれの条件に割り当てられた時にもキーワード情報の再生においてすぐれた成績であった．このことから，下線ひき行動の有無と読解能力との間には関係がみられ，読解能力の高い学習者の方が下線ひき行動をとりやすいと考えられた．しかし，下線をひくことそのものが再生成績に与える影響はみられなかった．このように，下線をひくことによる影響がみられなかったのは，下線ひき行動を行った学習者がもともと比較的高い成績を示しており，下線をひかなくてもキーワードの探索・選択を行うことができたからではないだろうか．また，低い成績を示した学習者は，下線をひくという作業を行うだけの余裕がなかったために，方略として利用することができなかったのだと考えられた．四年制大学生を対象として行った実験において，下線ひき行動による再生成績への影響がみられなかった理由も，短期大学生の成績上位群と同様に，下線がなくても情報の探索や選択を行い，整理しながら読むことができたからだと考えられよう．

　一方，どちらの学習者集団においても，テキストにつけられたプロンプト

は強調部分の再生を高めるということが明らかになった．しかし，四年制大学生の場合には強調部分以外の情報の再生への影響が見られなかったのに対し，短期大学生の場合にはプロンプトの存在によってそれ以外の情報の再生成績が低くなるという負の効果が明らかになった．このような影響をもたらした要因として，それぞれの学習者集団の読解における処理速度の違いが考えられた．読解時間に制限をつけなかった実験5と6において，それぞれの被験者が同じテキストの読解に対してかけた時間を比較すると，四年制大学生の3分の1近くが2分以内に読み終えているのに対し，そのような短い時間で読み終えた短期大学生は1人もいなかった．実験4における読解時間が80秒であったことを考えると，ほとんどの学習者にとって全体の内容を把握することは困難であったと考えられる．そのためこのような制限時間の中で，プロンプトのつけられたテキストを読んだ学習者は，プロンプトによって強調されたキーワード情報をまず獲得したのだろう．その後，それ以外の情報を獲得しようとしたが，十分な時間がなかったために，それらの情報に目を向け，獲得することができなかったのだと考えられた．

　以上より，学習者集団の違いという要因による下線ひき行動やプロンプトの効果への影響に関して，以下のようにまとめることができる．
(1)下線ひき行動の有無には，学習者の読解能力が関係している．
(2)いずれの学習者集団においても，下線をひくことによる再生成績への影響は見られない．
(3)プロンプトをつけることは，その部分の情報の獲得に効果的である．また，読むのが速い学習者の場合には下線部以外の情報の獲得に対して影響はないが，読むのが遅い学習者の場合には，十分な時間がなければ下線部以外の情報獲得を阻害するという負の効果をもつ．

第2節　読解過程における下線の役割

　以上のように，それぞれの要因について実験結果を総合的に考察してきた．その中で，学習者による下線ひき行動やテキストにつけられたプロンプトがもたらす効果には，情報入力過程におけるものが大きいと考えられた．そこで，図6-3にそって情報入力過程におけるこれらの下線の役割についてまとめることとする．

　テキストを読んだ後の処理について，まず影響を及ぼすのは学習者の読解能力であると考えられる．読解能力が高い場合には，読み方に様々な選択肢

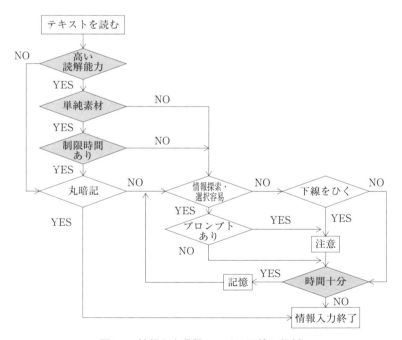

図6-3　情報入力過程における下線の役割

が用意されるが，読解能力が低い学習者の場合には，与えられた情報を与えられた時間内にこなせるだけ丸暗記しようとすることとなるであろう．

　続いて，与えられた素材の難易度が関わってくる．単純素材の場合にはその他の条件によって様々な読み方を選ぶことができる．しかし，複雑素材の場合にはすべての情報を覚えることは不可能であり，情報を選択して獲得することが求められる．したがって，重要な情報を探索し，選択する過程を必要とし，この過程において下線ひき行動やプロンプトが役割を果たすと考えられる．

　また，制限時間の有無によってもその後の過程に影響を及ぼすと考えられた．制限時間がある場合には，他のことを考えずに，読むことだけに集中することも１つの方略だと考えられる．そこで丸暗記に近い形で内容を覚えようとすることもある．しかし，時間に制限がない場合には，より深い読みを行うために，丸暗記より複雑な処理を行うことが可能となり，情報の探索や選択を行うこととなるのであろう．

　プロンプトがつけられていることによって情報の探索や選択を容易に行うことのできる場合には，その部分を中心に目が向けられることになり，注意を喚起する．また，学習者の能力が非常に高く，プロンプトがなくても頭の中で情報の探索・選択を容易に行うことができる場合には，十分に時間をかけて選択した情報を読み返していくことにより，それらの情報について強化していくことが可能である．

　しかし，情報の探索・選択を容易に行うことができない場合には，探索・選択を行いやすくするために，またその結果を視覚的に残すために，下線をひくのだと考えられる．もし，このような行動をとらなかった場合には，読解時間のある限りテキストを読み返すことで情報を記憶していくしか方法がない．

　このようにして学習者によってひかれた下線は，プロンプトと同様に，注意を喚起する役割を果たすこととなる．また，その後テキストを読み返すこ

とにより，その情報を強化する役割を果たす．しかし，あらかじめ下線がひかれていた場合とは異なり，自ら下線をひくことで読解時間を削ってしまうというデメリットがある．したがって読解時間が短い場合には読み返すことができなくなり，情報を十分に獲得することができなくなる場合が考えられる．十分な時間があり，読み返すことができた場合には，その過程で再び情報の探索や選択を行うこととなる．下線をひいたことにより，情報の探索・選択が行いやすくなった場合には，その下線をプロンプトとして注意を喚起し，それでもなお情報の探索・選択が困難な場合には，新たに探索・選択された情報に下線をひき直すことで注意を喚起するといえる．このように下線部の情報を中心に読み返すことにより，その部分の情報がより強化され，獲得されていくといえよう．

　以上のように学習者による下線ひき行動が行われるかどうかには，読解能力，素材の難易度，制限時間の有無といった要因が影響してくると考えられた．また，学習者自身が下線をひくことの効果については，素材の難易度や読解時間の長さといった要因によって左右されるのに対し，プロンプトを与えることは，これらの条件に関わらず強調部分の情報を獲得するのに有効であるといえた．しかし，読解にかける時間に制限がない場合には，必要なだけ読み返すことができるため，どのような読み方をしていたとしても獲得できる情報の量には違いが見られず，学習者が下線をひくことやプロンプトをつけることによる成績への影響は見られなかった．また，プロンプトのつけられたテキストを読む場合には，自分で情報の探索・選択を行っているのではなく，与えられた下線を受動的に利用している可能性がある．最初から下線部は重要だという思い込みでこの下線を利用しているのだとすると，下線箇所が重要箇所ではなかった場合に対応できないおそれがある．したがって，教授者の側であらかじめプロンプトを用意する場合には，学習者がそのプロンプトをどのように利用するのかといった点に留意し，強調する情報を注意深く選ぶ必要があるといえるであろう．

第3節　本研究の結論と意義

　以上のように,「下線をひく」という行動をとりあげ, 実験的手法を用いることによって, テキスト読解場面における方略としての役割や有効性について検討してきた. その結果, このように日常的に用いられている行動が方略としての効果を生み出すためには, 読解時間の長さや素材の難易度など様々な要因が関わっており, それらの要因との関係において有効性が左右されるということを示した.

　なお, 本研究において設定された学習場面は, 実際の学習場面に比べると, かなり限定したものだといわざるをえない. 実際の学習場面において用いられる学習素材の量, 学習にかける時間などは, 実験場面におけるものとは比べものにならないといえる. しかしながら, 量や時間などを拡大した実際の学習場面における活動は, 本研究における実験場面における活動を積み重ねたものであると捉えることができる. したがって, 本研究で明らかになった役割は, 実際の学習過程においても必要とされるものであると考えられる.

　我々はテキストを用いて学習する際に, その効果を高めようとして, 下線ひき行動をはじめ, 何らかの行動をとることが多い. しかし, これらの行動が適切な条件下において適切に用いられていなければ, 必ずしも効果を持つわけではないということが示されたといえるであろう. このような行動の多くは, 習慣的に用いられており, 目的に応じて用いられているわけではない. 目的に応じて適切にとられている行動でなければ, 適切な効果につながるとはいえず, 方略としての役割を果たすことができない. したがって, 我々が学習活動において何らかの行動をとるためには, 課題の種類, 難易度, 与えられた時間などといった要因をふまえた上で, とるべき行動を選ぶ必要があると考えられる. このようにしてふさわしい行動がとられた時こそ, その行動が方略としての役割を果たし, 有効に働くといえるであろう.

また，学習教材を用意する際に，テキストに様々なプロンプトをつけるということもよく用いられる方略である．そのようなプロンプトは，作成者の狙いにしたがって，強調された情報を中心とした学習を導くという役割を持ち，プロンプトの存在によって学習者の効率的な学習を助けるということが明らかになったといえる．しかし，十分な学習時間がない場合には，プロンプトのつけられた情報のみに目を向けてしまうことによって，それ以外の情報の獲得ができなくなる学習者も存在するということが示された．したがって，教材を作成する際には，どのような情報にどのようなプロンプトをつけるか，といった選択を注意深く行う必要があるといえるであろう．また，学習者が与えられたプロンプトを利用する際には，効率よく学習できるからといって短い学習時間しかかけずに，教材のプロンプトのみに頼った学習をしないように留意する必要があるだろう．十分な学習時間をかけ，他の情報にも目を向けながら獲得していくといった学習活動を行うことによって，プロンプトの効果を確実に得ることができると考えられる．このように，教授者が学習者を導く際には，学習者がどのようにその導きを利用するのかについても留意する必要があるだろう．そうしなければ，教授者が学習者を助けるつもりで与えた導きによって，学習者が自律的に学習する機会を逃したり，親切な指示のつけられた教材がなければ学習できないといった事態に陥ったりする恐れがある．

　以上のように，テキストを用いた学習場面において，学習者や教授者がとる行動による効果には交互作用が存在することもあり，最大の成果をあげるためには，どちらか一方からのみ取り組むのではなく，学習者と教授者の双方向から取り組むことが必要だといえるであろう．また，学習者がとる行動が効果的な方略となるための要因や，教授者によって用いられた方略が効果的に利用されるための要因について示された本研究の結果は，実際の学習場面と密接に関係しており，教授活動や学習活動を行う上で利用できると考えられる．

第7章　まとめ及び実践場面とのつながり

第1節　まとめ

　今日の学習活動では，何を学習したかということだけではなく，どのように学習したかという過程についても重視されるようになってきており，学習者自身による能動的な学習が求められるようになってきている．我々は何かを学習する際，その効果を高めようとして様々な行動をとるが，それらの多くは習慣や，効果的であるという感覚のもとに用いられており，その行動の中に方略としてどのような役割が存在するのかといった吟味は十分に行われていない．そのために必ずしも効果的な利用につながっていないのが現実である．そこで本研究では，テキストを用いた学習場面においてとられる行動の役割や有効性及び関わる要因について明らかにすることを目的とし，「下線をひく」という行動を対象として，教授者によってあらかじめつけられた下線強調（プロンプト）との比較という観点から実験的検討を行った．
　まず，比較的容易に読むことができると考えられるテキストを用いて，大学生の下線ひき行動の現状について把握し，その効果に影響を及ぼす要因について探るための実験を行った．その結果，多くの学習者が実際に下線をひくということが明らかになったものの，その行動が読解成績を高めるという効果は示されなかった．また，下線ひき行動の効果に関わる要因として，再生時期の違い，読解時間の長さ，素材の難易度，読解能力や学習習慣といった学習者の違いが考えられた．そこで，これらの要因による影響について検討するための5実験を行った．
　その結果，これらの要因や下線の有無に関わらず，テキスト中の重要度の

高い情報はそれ以外の情報に比べて再生されやすいということが明らかになったことから，テキスト読解において重要な情報を探し，選び出すという過程が大きな役割を果たしていると考えられた．また，それぞれの要因による影響として以下のことが明らかになった．

(1)再生時期の違い

　学習者自身の下線ひき行動やテキストにつけられたプロンプトによる効果が大きいのは読解直後であり，その後の保持にはそれを超えるような効果は見られなかった．したがって，これらの下線の役割について考える際には情報入力時におけるものを中心として捉えるべきであると考えられた．

(2)読解時間の長さ

　短い読解時間の中で下線をひきながら読むことは，読むことそのものにかける時間を削ってしまうために不利に働くということがわかった．また，読解時間を多くかけることによって，内容の獲得と結びつくようになってくるものの，下線をひかない場合に比べて有効な方略であるとは考えられなかった．一方，プロンプトは，獲得すべき情報を視覚的に知らせることができるために，読解時間に制限がある場合に有効であるということがわかった．また，プロンプトの存在は短時間で多くの情報を獲得することを助けるが，あまりにも読解時間が短い場合には，プロンプトという補助があったとしても，効果をもたらすことができないということも明らかになった．

(3)素材の難易度

　単純素材の読解では，プロンプトの存在によって強調部分であるキーワードの再生を高めるという効果が見られたが，学習者自身が下線をひくことによる効果は見られなかった．それに対し，複雑素材の場合には，学習者自身が下線をひくこともプロンプトと同様に，重要な情報の再生を高めるという

ことが明らかになった．この理由として，複雑素材の場合には重要な情報を探索・選択する過程が重要であり，視覚的に強調する下線の存在がこの過程を助けているからだと考えられた．

(4)学習者集団の違い

　四年制大学と短期大学における実験結果を比較することにより，これまでの学習習慣が異なる学習者集団の違いによる影響について検討した．その結果，短期大学の学生は下線ひき行動をとる割合が低く，下線ひき行動をとる学生はとらない学生よりも高い成績を示した．これは，読解に際して方略をもっている学生が，重要な情報を選び出すことに長けているからだと考えられた．また，プロンプトの存在によって，強調部分の情報の再生は高められたが，それ以外の情報の獲得に対する効果は学習者の読解速度によって異なるということがわかった．読解速度の速い学習者の場合には下線部以外の情報の獲得に対する影響はないが，読解速度の遅い学習者の場合には，十分な時間がなければ下線部以外の情報獲得を阻害するという負の効果をもつということが明らかになった．

　以上のように，それぞれの要因は，学習者の下線ひき行動やテキストのプロンプトによる効果に影響を与えており，学習時間の長さや素材の難易度などといった要因が組み合わさることによって，学習場面における行動の有効性を決定しているということがわかった．このように，本研究で検討したのは学習行動の一例ではあるが，学習行動の役割について検討する際には，このような要因との関係の中で捉えることにより，方略としての有効性が明らかになり，学習者の活動を支援することができると考えられた．

　この研究結果は実験場面という限定の中で明らかになったものであるが，これらの結果が実践場面とどのようにつながってくるのかについて考えるため，筆者の行った研究をいくつか紹介し，今後の課題について述べていく．

第2節　実践場面とのつながり

7.2.1　方略の使用と教師の影響

　今回の研究結果から，同じ学習行動をとっていたとしても様々な要因によってその有効性は左右されるということが明らかになった．

　では，実践場面の中ではどのように学習行動を選択し，使用しているのだろうか．魚崎・浅田（2006）では，中学校1年生の総合的な学習の時間において，配布資料から情報を探し，選び出して，レポートをまとめて発表するという活動を対象とし，資料への書き込みの促進や，黒板への板書，ワークシートの利用といった教師の支援が，生徒の学習活動に及ぼす影響について検討した．

　その結果，教師の勧めがあっても書き込みを行う生徒は少なく，書き込みを行っていてもワークシート作成のための情報探索や選択と結びついていると考えられる生徒はほとんど見られなかった．また，ワークシート作成時に，教師の板書した情報を書き写す生徒が多く見られ，ワークシートとレポートの情報の結びつきが弱かったことから，ワークシートやレポートというそれぞれの段階における「正しい」成果物を完成させることに意識の向いている生徒の存在が示唆された．さらに，自分自身で選択した情報がワークシートにほとんど見られず，この活動にあてられた時間に実質的な活動を行っていないと考えられる生徒も存在した。これらの生徒は，自分でわざわざ情報を探さなくても後で黒板に示される「正答」を書き写せば良いととらえていたのではないかと考えられた．このような生徒たちが「必要な情報を選択し，まとめる」という本来の授業のねらいに沿った活動を行えるようにするためには，それぞれの活動段階において生徒たちに求めていることを強調し，成果物の内容にまでふみこんだフィードバックをしていくことが求められるだろう．総合的な学習の時間をはじめとして，情報を収集したり，まとめたり

する授業は多く行われているが，このように，生徒自身が何を目的とした活動なのかを理解していなければ，必要な情報だけを書き写して，形だけを整えるといった活動に陥ってしまうおそれがあると考えられた．

　また，適切な学習方略を身につけた学習者を育てるために，実践場面においてはそれらの違いまでふまえた指導が行われているだろうか．魚崎(2013)では，小学校6年生の国語科の授業の中で，様々な学習方略に対して教師が有効だと感じているかどうか，また実際に使用しているかどうかが，児童の方略に対する有効性認知や方略使用にどのように影響しているのかを検討するための調査を行うこととした．

　なお，項目の内容については Pressy & Robinson (1959) や Schmeck et al. (1977) の作成した学習方略に関する調査票を参考に候補を挙げ，担任教師と相談して該当クラスの実態に合うように手を加えた．そこで，クラスの児童がイメージしやすいもので構成するとともに，項目数を絞ることとした．その結果，以下の15項目を調査対象とすることとした．

　　a　教科書に線をひいたり，書き込んだりすること
　　b　黒板に書かれたことをノートにとること
　　c　1つの授業で学習したことを他の授業でも利用すること
　　d　自分の意見をよく発表すること
　　e　授業中の勉強で困った時に先生に相談すること
　　f　授業中の勉強で困った時に友達に相談すること
　　g　友達が勉強している方法を真似すること
　　h　授業のノートに重要な点がはっきりするように概要をまとめること
　　i　授業の中で生まれた新しい考えを書き残すこと
　　j　友達の考えを関連させながら考えること
　　k　自分（たち）で学習計画を立てること
　　l　クラスのみんなと共に学習すること
　　m　ノートをとるとき，色を使い分けること

n　書かれている内容についてまとめるため，自分で簡単な図や表を作ること
   o　学習のあしあとをノートに残すこと

　以上15項目のうち，このクラスの指導において教師はi，j，lについて特に重視している一方で，b，d，eについては日頃あまり重視して指導を行っていないとの認識であった．また，教師自身が1人の学習者という立場になった時に，日頃これらの方略について短期的あるいは長期的に有効だと捉えたり，実際に使用したりしているのかについて尋ねた．

　なお，短期的な有効性の認知については「もうすぐテストが行われるとしたら，そこで点をとるために次の学習方法は有効だと思いますか」，長期的な有効性の認知については「これから先，国語を勉強していく上で，次の学習方法は有効だと思いますか」，使用については「あなたは普段，次の学習方法を実際に行いますか」という質問に対し，それぞれ「はい」「いいえ」「わからない」の3択で回答してもらうこととした．このようにして作成した調査用紙を用いて，児童への質問紙調査を行った．さらに，担任教師には，クラスの児童1人1人が上記の15項目についてどのように有効性を認知しているのか，また実際に使用しているのかをそれぞれの子どもになったつもりで回答してもらった．

　また，ICレコーダに記録した教師の授業中の発話を一文ごとに分け，調査用紙に含まれた方略に関するものを分類した．このように観察と質問紙調査により，児童の学習方略認知や使用と教師との関わりについて検討した．

　その結果，短期的な有効性の認知については有意な差が見られなかったが，長期的な有効性や使用について教師自身が肯定しているものの方が，そうでないものに比べ，児童の長期的な有効性認知や使用につながりやすいという可能性が考えられた．我が国の子どもたちが学習方略を学ぶ場面の多くは，それを目的として設計されたものではない．そのため，教師自身がそのようなものを体系的に子どもたちに教授しているというわけではないものの，授

業中の発言の中にも教師自身の認識があらわれるのだと考えられる．実際，今回観察をしていた授業の中でも，教師が日頃から重視して指導していると認識されている方略に関する発話は多く現れる傾向があった．このように日常の授業の中で教師からの発言を通して，子どもたちが有効な方略だと捉えたり，使用したりすることにつながるのだろう．しかし一方で，方略を教えるための授業ではないために，授業を構成する発言は方略に関するものだけではない．そのため，授業を構成する上で必要な情報に関しては，教師が重視しているかどうかに関わらず，多くなるということも考えられた．たとえば，今回の調査において「自分の意見をよく発表すること」に関する発話が多く見られたが，これは，今回対象とした授業において話し合い場面が多かったため，意見の発表なしには授業が成立しなかったからだと考えられよう．

　また，小学校6年生を対象とした調査の結果において，短期的な有効性の認知と長期的な有効性の認知，実際の使用との間にはそれぞれ連関関係がみられることが明らかになった．中でも注目すべきことは，長期的な有効性認知と使用との間の関係であった．長期的な有効性の認知というのは，目先のテスト等の結果とは異なり，学習の本質的な部分とより関係してくると考えられる．そのような有効性の認知と使用との関係が見られたことは，中高生を対象とした村山（2003）の研究と異なり，小学生を対象としたことが影響していると考えられた．つまり，中高生に比べると，目先のテストの成績に追われることが少ないために，本質的にふさわしい学習のあり方について考えやすいということによるのではないだろうか．

　さらに，クラス内の個々の児童の状況について担任教師が的確に把握できているかという点については両者の一致する割合は3分の2程度であった．そのような中，短期的な有効性については即効性を感じにくいことによって本人が「わからない」と答えているために一致しないことが多いと考えられた．一方で，長期的な有効性については教師・児童本人ともに肯定することが多く，学習の本質的なところにつながるような信念のようなものであるた

めに，即効性を求める必要がなく，両者の意識を合わせやすいのだといえよう．また，使用については目で見える行動であるにも関わらず，両者の回答が食い違う傾向にあり，「使っている」ものよりも「使っていない」ものについて認識を一致させやすいという結果であった．さらに使用については児童自身が「わからない」と答えることも多く，この理由としては，使用の頻度によって状況をどのように捉えるのかという点での個人差があるためであろうと考えられた．また，児童自身の回答と教師による回答とがほぼ一致する児童もいる反面，ほとんどの項目において一致しない児童も存在した．行動面については目で見えるために，認知面に比べて教師からも捉えやすいのではないかと考えられたが，そうでもないということがわかった．つまり有効性の認知という児童の内部でおこっていることについてのみならず，行動として現れるはずの方略使用についても，児童自身の回答と教師による回答が大きくずれている児童が存在するということである．これは，教師から見て「つかみやすい」児童と「つかみにくい」児童がクラスの中にいるということを物語っているだろう．そのため，認知や行動が外現しにくく，教師から把握するのが難しい児童に対し，どのような手がかりを用いていくべきなのかという点が課題として挙げられよう．

このように，児童が学習方略を身につけていく上で，教師自身の学習者としての経験や価値観が授業を通じて影響していることが明らかになるとともに，個々の児童の様子について理解することは容易ではなく，個々の状況に応じて方略指導を行っているわけではないということがうかがえた．

7.2.2 学習者による情報選択と内容理解

また，本研究の中でも学習行動の効果について様々な要因が影響することが示されたが，実践場面の中で実際に学習者たちが用いている行動を取り上げながらその役割や有効性を探るために，魚崎（2014）は短期大学生の講義場面におけるノートテイキングの量および内容と学習成果との関係について

第 7 章 まとめ及び実践場面とのつながり　151

検討した．

　その結果，全体として多くの書き込みを行った学生は多くの項目について再生するという量的な対応が見られるとともに，書き込みの対象となった項目の方が再生されやすいという質的な対応も明らかになった．書き込みを行ったということは，学生が講義を聴きながらその情報に対して働きかけを行った項目であるといえる．そのため，学生による内容の取捨選択の表れであり，自らが選んだ情報については記憶に残りやすいということがいえるだろう．

　一方で，各項目における書き込みと再生との関係についてはすべての項目で対応していたとはいえず，項目によって違いも見られた．書き込み対象として選択をしたことが内容の再生につながったと考えられる学生も存在したが，授業のポイントとなるキーワードについては再生されていても，それらの細かな説明内容については触れられていない学生も多く見られた．また授業中に行った観察やペアワークについて言及する学生も多かったが，何かを「行った」ことに関しての再生が多く，それらを通じて何を学んだのかといった深い言及は少なかった．

　さらに，書き込みを行っていても再生はされていないという項目も少なくなかった．書き込みを行った人数の割に再生に反映されていない項目は，書き込みを行ったものの記憶には残らなかったと考えられる．この理由としては，今回の研究では再生に際して書き込みを行った資料を参照することを許可しておらず，外部貯蔵装置（Di Vesta & Gray, 1972）として機能しなかったことによる可能性がある．特にこれらの項目に関する書き込みとして，マーキングが多く見られたことから，認知的処理を十分に深めるような書き込みではなかった可能性が考えられる．

　また，書き込みを行ったものの，再生する上で重要な情報だとは判断されなかったと考えられる項目も存在した．前回の内容の補足として行った説明を書き込む学生が多く見られたが，再生されることはほとんどなく，今回の

授業のポイントではないという判断をした可能性がある．さらに，書き込みの具体的な内容について検討する中で，知らない語句の意味を記録しただけの書き込みも見られた．そのような書き込みは重要な内容として選択されたのではないと考えられた．

このように書き込みを行うかどうか，また再生を行うかどうかには様々なパターンが見られた．この結果は，実践場面では実験場面よりもさらに複雑な処理が含まれるのではないかという指摘にも対応するものであり，実践場面に関わる上では，実験のように限定された状況における結果を参考にしながらも、各実践場面に応じて求める学習方略を使い分け，必要に応じて指導していく必要性を示唆するものであろう．

第3節　今後の課題

最後に本研究の中心となっている実験的手法での検討およびその後の実践場面における検討もふまえつつ，今後の課題について述べていきたい．

本研究で取り上げた「下線をひく」という行動は，多くの人によって行われているものであるが，テキストを用いた学習場面における学習行動のうちほんの一例にすぎない．また，実験的手法を用いて検討したため，学習場面や被験者の設定などに多くの制約がかかっている．したがって，本研究で得られた役割や有効性，それに関わる要因などといった結果が，他の行動についてもそのままあてはまると考えたり，学習場面において常に成立するものであると考えたりすることはできない．特に，テキストを用いるという学習場面と同様，多くの学習者たちが経験する講義場面における学習行動について考えた時，ノートをとることや他者との意見交換における情報整理など，行われる活動はより多様になる．そのような場面においてどのような行動がどのような役割を果たしていくのか，またその有効性を高めていくためにはどのような要因が影響してくるのかといった検討が必要になろう．実際の学

第7章 まとめ及び実践場面とのつながり

習場面における我々人間の活動には，より複雑な内的処理を含んでいると考えられ，今後はそれらをふまえた研究にふみこんでいくことが求められる．

さらに，本研究における実験結果は，大学生や短期大学生を被験者としたものであった．彼らの多くはある程度自分なりの学習スタイルを確立していたため，学習行動の使用について指示を与えたり，指導したりすることはなかった．しかし，これらの学習スタイルは長年かけて培われたものであると考えられ，本研究で得られた結果は，適切な学習行動を選び，用いることのできない学習者たちにとってこそ必要とされるものである．したがって，子どもたちのように適切な学習スタイルをまだ身につけていない学習者が，学習行動を方略として有効に利用することができるように，本研究で得られた成果を生かしていくことが求められるであろう．そこで，学習行動の役割をふまえた訓練を行い，方略として適切な行動を利用することができるような支援の方法について検討していく必要があると考えられる．教授者の立場からそれをどのように支援していくのかということは，今後，より必要性が高まってくるように思われる．「能動的な学習者」「自立した学習者」などが求められる一方で，学習者の持つそのような能力が時代とともに向上しているようには思えない．したがって能動的な姿勢を持ち合わせていない学習者をいかに能動的に学習に取り組ませていくのか，自立していない学習者をいかに自立させていくのか，などといった課題への対応が求められてくるだろう．そのため，学習成果につながる学習行動のあり方に関するデータの積み重ねは日常場面における授業改善とも直結してくると考えられる．

特に昨今の教育現場ではアクティブ・ラーニングの必要性が声高に叫ばれ，取り入れることが求められており，教員養成の段階においてもそのような方法を学ぶことが必要とされている．そのためには，各学習者が学習内容と能動的に向かいあい，理解をより深いものにするにはどうすればよいのかを模索していく必要があるだろう．本研究で検討したのはそのうちの一部にすぎないが，学習行動の役割について検討する上で，様々な要因との関係の中で

捉えることにより，方略としての有効性を明らかにし，学習者の活動を支援していくことにつなげられるのではないだろうか．そのためにも，実験において得られた成果と，第2節において取り組み始めた実践場面における研究とを行き来しつつ向かいあっていきたいと考えている．

引用文献

Abbott, V., Black, J. B., & Smith, E. E. 1985 The representation of scripts in memory. *Journal of Memory and Language*, 24, 179-199.

秋田喜代美 1998 第2章 読み書きの発達と教育 無藤隆・市川伸一 (編) 学校教育の心理学. 学文社. Pp. 22-40.

Anderson, J. R. 1982 Acquisition of cognitive skills. *Psychological Review*, 89, 369-406.

Anderson, R. C., & Pichert, J. W. 1978 Recall of previously unrecallable information following a shift in perspective. *Journal of Verbal Learning and Verbal Behavior*, 17, 1-12.

Annis, L., & Davis, J. K. 1978 Study Techniques and Cognitive Style: Their Effects on Recall and Recognition. *Journal of Educational Research*, 71, 175-178.

Arkes, H. R., Schumacher, G. M., & Gardner, E. T. 1976 Effects of Orienting Tasks on the Retention of Prose Material. *Journal of Educational Psychology*, 68, 536-545.

馬場眞知子・田中佳子・林部英雄・有賀幸則・小野博 2003 日本語リメディアル教育 日本語文章能力開発演習の試行と成果の検証. メディア教育研究, 11, 27-38.

Bartlett, F. C. 1932 *Remembering: A Study in experimental and social psychology*. Cambridge University Press. (宇津木保・辻正三 (訳) 1983 想起の心理学：実験的社会的心理学における一研究. 誠信書房.)

Bereider, C., & M. Scardamalia 1989 Intentional learning as a goal of instruction. in Resnick, L. B. (ed.), *Knowing, Learning, and Instruction*. Erbaum, Pp. 361-392.

Blanchard, J. S. 1985 What to tell students about underlining... and why. *Journal of Reading*, 29, 199-203.

Blanchard, J., & Mikkelson, V. 1987 Underlining Performance Outcomes in Expository Text. *Journal of Educational Research*, 80, 197-201.

Borkowski, J. G., & Muthukrishna, N. 1992 Moving metacognition into the classroom "Working models" and effective strategy teaching. In M. Pressley, K. R. Harris, & J. T. Guthrie (eds.), *Promoting academic competence and literacy in school*. Academic Press, Pp. 477-501.

Bower, G. H., Black, J. B., & Turner, T. J. 1979 Scripts in memory for text. *Cognitive Psychology*, 11, 177-220.

Bransford, J. D., & Johnson, M. K. 1972 Contextual prerequisites for understandings: Some investigations of comprehension and recall. *Journal of Verbal Learning and Verbal Behavior*, 11, 717-726.

Bransford, J. D., & Johnson, M. K. 1973 Considerations of some problems of comprehension. In W. G. Chase (ed.), *Visual information processing*. Academic Press.

Brown, J. S., Collins, A., & Duguid, P. 1989 Situated cognition and the culture of learning. *Educational Researcher*, 18, 32-42.（杉本卓（訳）　1992　状況に埋め込まれた認知と学習の文化．安西祐一郎他（編）　認知科学ハンドブック, Pp. 36-51.　共立出版.）

Bruer, J. T. 1993 *Schools for thought: a science of learning in the classroom*. The MIT Press.（松田文子・森敏昭（監訳）　1997　授業が変わる―認知心理学と教育実践が手を結ぶとき．北大路書房.）

Carrier, C. 1983 Notetaking Research. *Journal of Instructional Development*, 6, 19-26.

Carrier, C. A., William, M. D., & Dalgaard, B. R. 1988 College Students' perceptions of notetaking and their relationship to selected learner characterisrics and course achievement. *Research in Higher Education*, 28, 223-239.

Cashen, V. W., & Leight, K. L. 1970　Role of the Isolation Effect in a Formal Educational Setting. *Journal of Educatiional Psychology*, 61, 484-486.

Chase, W. G., & Simon, H. A. 1973 Perception in chess. *Cognitive Psychology*, 1, 33-81.

Commission on Behavioral and Social Sciences and Education National Research Council 1999 *How People Learn. Brain, Mind, Experience, and School*. National Academy Press.（森敏昭・秋田喜代美（監訳）　2002　授業を変える　認知心理学のさらなる挑戦．北大路書房.）

Cook, L. K., & Mayer, R. E. 1983 Reading strategies training for meaning learning from prose. In Presseley, M. and J. R. Levin (eds.), 1983 *Cognitive strategies research: Educational application*. Spring-Verlag.

Cook, L. K., & Mayer, R. E. 1988 Teaching readers about the structure of scientific text. *Journal of Educational Psychology*, 80, 448-456.

Corbett, E. P. J. 1990 *Classical Rhetoric for the Modern Student* (3rd ed.). Oxford University Press.

Cote, N., Goldman, S. R., & Saul, E. U. 1998 Students making sense of informational text: Relations between processing and representation. *Discourse Processes*, 25, 1-53.

Craik, F. I., & Lockhart, R. S. 1972 Levels of processing: A framework for memory research. *Journal of Verbal Learning and Verbal Behavior*, 11, 671-684.

Dee-Lucas, D., & Larkin, J. H. 1995 Learning from electronic text: effects of interactive overviews for information access. *Cognition and Instruction*, 13, 431-468.

Di Vesta, F., & Gray, G 1972 Listening and notetaking. *Journal of Educational Psychology*, 63, 8-14.

Di Vesta, F., & Gray, G 1973 Listening and notetaking II. *Journal of Educational Psychology*, 64, 278-287.

Duchastel P. C. 1982 Textual display techniques. In Jonassen, D. H. (ed.), *The Technology of Text*. Educational Technology Publications.

Fass, W., & Schmacher, G. M. 1978 Effects of Motivation, Subject Activity, and Readability on the Retention of Prose Materials. *Journal of Educational Psychology*, 70, 803-807.

Faw, H. W., & Waller, T. G. 1976 Mathemagenic Behaviors and Efficiency in Learning from Prose Materials: Review, Critique and Recommendations. *Review of Educational Research*, 46, 691-720.

Fowler, R. L., & Barker, A. S. 1974 Effectiveness of Highlighting for Retention of Text Material. *Journal of Applied Psychology*, 59, 358-364.

藤澤伸介 2002a ごまかし勉強（上）学力低下を助長するシステム．新曜社．

藤澤伸介 2002b ごまかし勉強（下）ほんものの学力を求めて．新曜社．

藤澤伸介 2003 中学生高校生による学習方略の活用実態 日本教育心理学会第45回総会発表論文集，49.

深谷優子 2001 学習を支える様々なテキスト．大村彰道（監修）文章理解の心理学 認知，発達，教育の広がりの中で．北大路書房．Pp. 164-175.

深谷優子 2002 文章の好みと読解時の書き込みとの関連．日本教育心理学会第44回総会発表論文集，621.

Gagné, R. M., & Briggs, L. J. 1979 *Principles of Instructional Design* (2nd Edition). Holt, Rinehart and Winston.（持留英世・持留初野（共訳）1986 カリキ

ュラムと授業の構成．北大路書房．）

Garner, R. 1990 When children and adults do not use learning strategies: Toward a theory of settings. *Review of Educational Research*, **60**, 517-529.

Glynn, S. 1978 Capturing readers' attention by means of typographical cueing strategies. *Educational Technology*, **18**, 7-12.

Golding, J. M., & Fowler, S. B. 1992 The Limited Facilitative Effect of Typographical Signals. *Contemporary Educational Psychology*, **17**, 99-113.

Goldman, S. R., & Saul, E. 1990 Flexibility in processing: A strategy competition model. *Learning and Individual Differences*, **2**, 181-219.

Goodnow, J. 1977 *Children's drawing*. Open Books.（須賀哲夫（訳） 1979 子どもの絵の世界：なぜあのように描くのか．サイエンス社．）

Gribbons, W. M. 1992 Organization by design: Some implications for structuring information. *Journal of Technical Writing and Communication*, **22**, 57-75.

Hartley, J. 1993 Recalling structured text: Does what goes in determine what comes out? *British Journal of Educational Technology*, **24**, 84-91.

Hartley, J., & Davies, I. K. 1978 Note-Taking: A Critical Review. *Programmed Learning and Educational Technology*, **15**, 207-224.

Hartley, J., Bartlett, S., & Brainwaite, A. 1980 Underlining can make a differences -sometimes. *Journal of Educational Research*, **73**, 218-224.

Hoon, P. W. 1974 Efficacy of Three Common Study Methods. *Psychological Reports*, **35**, 1057-1058.

Hull, C. L. 1943 *Principles of Behavior*. Appleton-Century-Crofts.（能見義博・岡本栄一（訳） 1967 行動の原理．誠信書房．）

市川伸一 1995 学習動機の構造と学習観との関連．日本教育心理学会第37回総会発表論文集，177.

市川伸一 2000 学習スキル／学習方略．日本教育工学会（編） 教育工学事典．実教出版．Pp.86-87.

Idstein, P., & Jenkins, J. R. 1972 Underlining Versus Repetitive Reading. *Journal of Educational Research*, **65**, 321-323.

犬塚美輪 2002 説明文における読解方略の構造．教育心理学研究，**50**, 152-162.

Itoh, H. 1993 Effects of Visual and Auditory Presentation on Viewers' Learning. *Research and Development Division Working Paper*, **041-E-93**, 1-31.

岩槻恵子 1998 説明文理解における要点を表わす図表の役割．教育心理学研究，**46**,

142-152.

Johnson, D., & Wen, S. 1976 Effects of Correct and Extraneous Markings Under Time Limits on Reading Comprehension. *Psychology in the Schools*, 13, 454-456.

Jonassen, D. H. 1982 Preface. In Jonassen, D. H. (ed.), *The Technology of Text: Principles for Structuring, designing, and displaying text*. Educational Technology Publications.

Kiewra, K. A. 1985 Students' notetaking behaviors and the efficacy of providing the instructor's notes for review. *Contemporary Educational Psychologist*, 10, 378-386.

Kintsch, W., & van Dijk, T. A. 1978 Toward a model of discourse comprehension and production. *Psychological Review*, 85, 363-394.

北尾倫彦 1991 学習指導の心理学 教え方の理論と技術. 有斐閣.

Klare, G. R. 1976 A second look at the validity of readability formulas. *Journal of Reading Behavior*, 7, 129-152.

Klatzly, R. L. 1980 *Human memory: Structures and Processes (2nd edition)*. Freeman and company. (箱田裕司・中溝幸夫（共訳） 1982 記憶のしくみ 1：認知心理学的アプローチ. サイエンス社.)

Kletzien, S. B. 1991 Strategy use by good or poor comprehenders reading expository text of different levels. *Reading Research Quarterly*, 26, 67-86.

Krathwohl, D. R., Bloom, B. S., & Masia, B. B. 1964 *Taxonomy of Educational Objectives. Handbook 2: Affective Domain*. Longman.

黒沢学 2001 文理解の過程. 大村彰道（監修） 文章理解の心理学 認知, 発達, 教育の広がりの中で. 北大路書房. Pp. 50-65.

Ladas, H. 1980 Note-taking on lectures: An information-processing approach. *Educational Psychologist*, 15, 44-53.

Lave, J., & Wenger, E. 1991 *Situated Learning: Legitimate Peripheral Participation*. Cambridge University Press. (佐伯胖（訳） 1993 状況に埋め込まれた学習. 産業図書.)

Leight, K. L., & Cashen, V. M. 1972 Type of Highlighted Material and Examination Performance. *Journal of Educational Research*, 65, 315-316.

Lorch, R. F, Jr., Lorch, E. P., & Inman, W.E. 1993 Effects of signaling topic structure on text recall. *Journal of Educational Psychology*, 85, 281-290.

McAndrew, D. A. 1983 Underlining and notetaking: Some suggestions from research. *Journal of Reading*, **27**, 103-108.

Mackin, J. 1989 Surmounting the barrier between Japanese and English technical documents. *Technical Communication*, **36**, 346-351.

McLaughlin, G. H. 1966 Comparing styles of presenting technical information. *Ergonomics*, **9**, 257-259.

Margolin, D. I. 1984 The neuropsychology of writing and spelling: Semantic phonological, motor, and perceptual processes. *Quarterly Journal of Experimental Psychology*, **36**, 459-489.

Meacham, J. A. 1972 The development of memory abilities in the individual and society. *Human Development*, **15**, 205-228.

Meyer, B. J. F., & Rice, G. E. 1982 The interaction of reader strategies and the organization of text. *Text*, **2**, 155-192.

Meyer, B. J. F., Brandt, D. M., & Bluth, G. J. 1980 Use of top-level structure in text: Key for reading comprehension of ninth-grade students. *Reading Research Quarterly*, **16**, 72-103.

三宅なほみ・三宅芳雄・白水始　2002　学習科学と認知科学．認知科学，**9**，328-337.

文部省　1989　学習指導要領　小学校学習指導要領．

Morris, C., Bransford, J., & Franks, J. 1977 Levels of processing versus transfer appropriate processing. *Journal of Verbal Learning and Verbal Behavior*, **16**, 519-533.

Morrison, G. R., Ross, S. M., & Kemp, J. E. 2001 *Designing Effective Instruction (3rd Edition)*. John Wiley & Sons, Inc.

邑本俊亮　1998　文章理解についての認知心理学的研究―記憶と要約に関する実験と理解過程のモデル化―．風間書房．

村山航　2003　学習方略の使用と短期的・長期的な有効性の認知との関係．教育心理学研究，**51**，130-140.

Naka, M. 1998 Repeated writing facilities children's memory for pseudocharacters and foreign letters. *Memory and Cognition*, **26**, 804-809.

Naka, M., & Naoi, H. 1995 The Effects of repeated writing on memory. *Memory and Cognition*, **23**, 201-212.

Naka, M., & Takizawa, M. 1990 Writing over and over to remember? Does it work? Then why? 千葉大学教育学部研究紀要，**38**，31-36.

中西啓喜　2011　少子化と90年代高校教育改革が高校に与えた影響―「自ら学び自ら考える力」に着目して―．教育社会学研究，88，141-162．

大河内祐子　2001　文章理解における方略とメタ認知．大村彰道（監修）　文章理解の心理学　認知，発達，教育の広がりの中で．北大路書房．Pp.66-79.

小野博　2001　大学生の日本語力の低下および大学におけるリメディアル教育．日本学術会議報告資料，1-17．

小野博・繁桝算男・林部英雄・岡崎勉・市川雅教・木下ひさし・牧野泰美　1989　日本語力検査の開発．文部省科学研究費報告書．

小野瀬雅人　1987　幼児・児童におけるなぞり及び視写の練習が書字技能の習得に及ぼす効果．教育心理学研究，35，9-16．

小野瀬雅人　1988　なぞり及び視写練習の組合わせが幼児・児童の書字技能に及ぼす効果．教育心理学研究，36，129-134．

Palincsar, A. S., & Brown, A. L. 1986 Interactive teaching to promote independent learning from text. *Reading Teacher*, 39, 771-777.

Palincsar, A., & Collins, K. 2000 LEARNING SKILLS. In Kazdin, A. E. (ed.), *Encyclopedia of Psychology* (Vol. 5). American Psychological Association. Pp. 30-33.

Palmatier, R. A., & Bennett, J. M. 1974 Notetaking habits of college students. *Journal of Reading*, 18, 215-218.

Paris, S. G., Lipson, M. Y., & Wixson, K. K. 1983 Becoming a strategic reader. *Contemporary Educational Psychology*, 8, 293-316.

Peper, R. J., & Mayer, R. E. 1978 Notetaking as a Generative Activity. *Journal of Educational Psychology*, 70, 514-522.

Peters, D. L. 1972 Effects of Note-Taking and Rate of Presentation on Short-Term Objective Test Performance. *Journal of Educational Psychology*, 63, 276-280.

Pintrich, P. R., & Schrauben, B. 1992 Students' motivational beliefs and their cognitive engagement in classroom academic tasks. In Schunk, D., & Meece, J. (eds.), *Student perceptions in the classroom: causes and consequences*. Lawrence Erlbaum Associates. Pp. 149-183.

Presseley, M., & Afflerbach, P. 1995 *Verbal protocols of reading: The nature of constructively responsive reading*. Lawrence Erlbaum Associates.

Pressy, S. L., & Robinson, F. P. 1959 *Laboratory workbook in applied educational psychology*. Harper and Brothers.

Robinson, F. P. 1961 *Effective study* (*rev. ed.*). Harper and Brothers.

Rickards, J. P. 1980 Notetaking, Underlining, Inserted Questions, and Organizers in Text: Research Conclusions and Educational Implications. *Educational Technology*, **20**, 5-11.

Rickards, J. P., & August, G. J. 1975 Generative Underlining Strategies in Prose Recall. *Journal of Educational Psychology*, **67**, 860-865.

Rickards, J. P., & Friedman, F. 1978 The Encoding Versus the External Storage of Hypothesis in Notetaking. *Contemporary Educational Psychology*, **2**, 136-143.

齋藤孝 2002 三色ボールペンで読む日本語. 角川書店.

佐々木正人・渡辺章 1983 「空書」行動の出現と機能―表象の運動感覚的な成分について―. 教育心理学研究, **31**, 273-282.

佐々木正人・渡辺章 1984 「空書」行動の文化的起源―漢字圏・非漢字圏との比較―. 教育心理学研究, **32**, 182-190.

佐藤純 1998 学習方略の有効性の認知・コストの認知・好みが学習方略の使用に及ぼす影響. 教育心理学研究, **46**, 367-376.

佐藤公治 1996 認知心理学からみた読みの世界 対話と協同的学習をめざして. 北大路書房.

Schank, R. C., & Abelson, R. 1977 *Scripts, plans, goals, and understanding*. Lawrence Erlbaum Associates.

Schmeck, R. R., Ribich, F., & Ramanaiah N. 1977 Development of a self-report inventory for assessing individual differences in learning processes. *Applied Psychological Measurement*, **1**, 413-431.

関友作 1997 テキストの内容理解に対する箇条書とキーワード強調の影響. 日本教育工学雑誌, **21**, Suppl., 17-20.

Seki, Y. 2000 Using lists to improve text access: The role of layout in reading. *Visible Language*, **34**, 280-295.

関友作・赤堀侃司 1994 テキスト理解に対する箇条型レイアウトの効果. 日本教育工学雑誌, **17**, 141-150.

関友作・赤堀侃司 1996 テキストにおける段落表示が内容理解に与える影響. 日本教育工学雑誌, **20**, 97-108.

Seki, Y., Akahori, K., & Sakamoto, T. 1993 Using key words to facilitate text comprehension. *Educational Technology Research*, **16**, 11-21.

Skinner, B. F. 1950 Are theories of learning necessary? *Psychological Review*, **57**,

193-216.

Skinner, B. F. 1958 Teaching Machines. *Science*, **128**, 969-977.

Spiro, R. J. 1977 Remembering information from text: The 'state of schema' approach. In. Anderson, R. C., Spiro, R. J., & Montague, W. E. (eds.), *Schooling and the acquisition of knowledge*. Lawrence Erlbaum Associates.

Spyridakis, J. H., & Standal, T. C. 1986 Heading, previews, logical connectives: Effects on reading comprehension. *Journal of Technical Writing and Communication*, **16**, 343-354.

Stordahl, K. E., & Christensen, C. M. 1956 The effects of study Techniques on Comprihension and Retention. *Journal of Educational Research*, **49**, 561-570.

Sulin, R. A., & Dooling, D. J. 1974 Instruction of a thematic idea in retention of prose. *Journal of Experimental psychology*, **103**, 252-262.

鈴木克明　2000　教授方略．日本教育工学会（編）　教育工学事典．実教出版．Pp. 210-213.

辰野千壽　1997　学習方略の心理学　賢い学習者の育て方．図書文化．

Thomassen, A. J. W. M., & Teulings, H. H. M. 1983 The development of handwriting. In Martlew, M. (ed.), *The psychology of written languages: Developmental and educational perspectives*. Wiey. Pp. 179-213.

Thorndyke, P. W. 1977 Cognitive structures in comprehension memory of narrative discourse. *Cognitive Psychology*, **9**, 77-110.

外山滋比古　1973　日本語の論理．中央公論社．

植木理恵　2002　高校生の学習観の構造．教育心理学研究，**50**，301-310.

魚崎祐子・浅田匡　2006　総合的な学習の時間における教師の支援が生徒の情報選択に及ぼす影響．日本教育工学会論文誌，**30**（Suppl.），89-92.

魚崎祐子　2013　児童による学習方略の有効性認知と使用に関する事例研究―教師による認知や使用との関係―．玉川大学教育学部紀要　2012，19-31.

魚崎祐子　2014　短期大学生のノートテイキングと講義内容の再生との関係―教育心理学の一講義を対象として―．日本教育工学会論文誌，**38**（Suppl.），137-140.

van Dijk, T. A., & Kintsch, W. 1983 *Strategies of discourse comprehension*. Academic Press.

van Sommer, P. 1984 *Drawing and cognition: descriptive and experimental studies of graphic production processes*. Cambridge University Press.

von Restorff H. 1933 Über die virkung von bereichsbildungen im spurenfeld. *Psy-*

chologische Forschung, **18**, 299-342.

Weener, P. 1974 Note-Taking and Student Verbalization as Instrumental Learning Activities. *Instrumental Science*, **3**, 51-74.

Weinstein, C. E., Goetz, E. T., & Alexander, P. A. 1986 *Learning and study strategies*. Academic Press.

Winn, W. 1993 Perception Principles. In Fleming, M., & Levie, W. H. (eds.), *Instructional Message Design (2nd ed.)*. Educational Technology Publications.

山口快生　1985　記憶と忘却　山内光哉・春木豊（編著）　学習心理学　行動と認知. サイエンス社. Pp.195-222.

資料　1

実験テキスト（実験1）

・資料1-1　練習試行用

・資料1-2　第1試行用

・資料1-3　第2試行用（プロンプト群用）

※第2試行におけるアンダーライン群，統制群の被験者には，下線強調のないものを配布．

資料1-1　練習試行用

〈イエメンの社会の特徴〉

　イエメンという国では人々はあまり国内を移動しなかった。あちこちへ往き来する必要もなく、手段もなかったからである。まず、この国の国土の7割は山岳地である。集落は山の上にあることが多いので、隣の村へ行くにもいったん谷まで降りて再び上って行かなければならない。しんどいので物の移動は最小限に抑えられる。また人口の7～8割が農業に従事する定住民であるために、山地の所有権、使用権に関するいさかいが頻繁に起こる。このため人の移動も制限される。それに国内に大都市がなく、雇用機会を求めて都市に流出するということもほとんどない。このように人、物の両面で流動性が不足している社会では、日常生活に必要なものはあらかた自給自足で済まさなくてはならない。自給できなくても、これらを調達するためにその産地まで出かけるのは容易ではないし、危険である。そこで曜日市が考え出されたといえる。週の決まった曜日に決められた谷まで行くと市が立っていて、必要な物資が行商人によって運び込まれているのである。

出典：吉田昌夫・大岩川嫩（編）　1990　「のりもの」と「くらし」―第三世界の交通機関．アジア経済研究所．

資料1-2　第1試行用

〈日本の結婚制度の変化〉

　日本古代の結婚の制度は双系制とよばれ、父系と母系は対等であった。また夫婦は別居、別産が原則で、子供は母のもとで育てられる習慣であった（妻問婚）。平安時代になると、招婿婚（しょうせいこん）といって、夫が妻の家に婿入りする習慣が生まれた。このころまでは、男性と女性の関係は比較的平等であったといえよう。やがて中世に入ると、儒教の倫理観にもとづく家夫長制が発達し、男性が家督をつぐという考え方がつよくなった。中世末期の戦国時代には、さらに嫡男が家をつぐという長子相続の制度が確立した。それとともに、妻は夫の家に入るという嫁入りの習慣が一般的になったのである。明治以後になると、西洋諸国の近代的結婚観の影響を受けて、日本でも一夫一婦制度を基本とする考え方がひろまったが、従来の男性中心の考え方もなおつよかった。第二次大戦後、民法が改められて、両性の自由な合意による契約にもとづいた結婚の制度が定められた。それとともに女性の解放がさけばれるようになってきた。

出典：湯浅泰雄　1989　高等学校　倫理．東京学習出版社．

資料1-3　第2試行用（プロンプト群用）

〈クジラがサカナでない理由〉

　クジラは外見だけでは、普通の陸上の哺乳類とは似ても似つきません。むしろ、クジラの外形には、サカナと共通するところが多くあります。しかし、クジラを解剖して内部の形態を調べると、サカナとはずいぶんちがうことがわかります。
　まず、クジラの胸びれの骨は哺乳類の手と同じような種類と配列をしています。次に、サカナの背びれ、尾びれには骨が入っていますが、クジラには骨がありません。クジラの背びれ、尾びれは皮膚が伸びてできたのです。また、クジラの心臓は哺乳類の特徴である4室に別れていますので、サカナの2室とちがいます。そして、クジラにはサカナにない肺があって、サカナにあるエラはありません。サカナの浮き袋がクジラの肺に変化したのです。最後に、クジラは胎生です。クジラのメスには子宮と一対の乳腺があり、妊娠したクジラの子宮内には胎盤とへその緒でつながっている胎児が入っています。サカナにもお腹に胎児がいる場合がありますが、これは卵胎生であって、胎児にはクジラのようなへその緒がありません。

出典：大隅清志　1993　クジラのはなし．技報堂出版．

資料 2

実験テキスト（実験2，4，5，6）

・資料2-1　テキスト1（プロンプト群用）
・資料2-2　テキスト2（プロンプト群用）
・資料2-3　テキスト3（プロンプト群用）

※アンダーライン群，統制群の被験者には，下線強調のないものを配布．

資料2-1　テキスト1（プロンプト群用）

　現在の会社組織において、OLは権限を持たないと同時に責任もない。このような中で、OLたちはどのような抵抗行動をとっているのだろうか。

　まず、OLは仕事に対して<u>受け身</u>である。自分の好きな人に頼まれた仕事は積極的にこなすが、嫌いな人の仕事は適当に済ませる。次に、OLは頼まれたことを<u>拒否する</u>。社内の出世競争のために上司に気を使う男性社員たちと違って、昇進の望みが限られているOLにとっては、上司の頼みを断わることなどあまり重要ではないのである。また、OLは仕事の<u>優先順位をつける</u>権利をもつ。仕事の重要性や緊急度にかかわりなく、ある仕事の優先順位を下げ、その仕事をしないのである。さらに、仕事を<u>放置</u>することがある。優先順位を下げるだけでなく、一切仕事に手をつけないのである。最後に、OLは、上司に対する<u>不満を人事部へ伝える</u>ことが出来る。上司との関係や自分の昇進昇格を気にする男性社員と違って、足かせのない女性は好き放題書ける。

　このように、OLは組織の中の人間関係に、見かけよりはるかに大きな影響力をもたらすことがわかる。

出典：小笠原祐子　1998　OLたちの〈レジスタンス〉サラリーマンとOLのパワーゲーム．中公新書．

資料2-2　テキスト2（プロンプト群用）

　修学旅行を経験したことのない日本人はほとんどいないといってよいだろう。修学旅行についてはさまざまな意見がある。
　否定的な意見としては、まず、修学旅行は<u>自主性に欠ける</u>ということである。あらかじめ決められたスケジュールに従って旅程をこなすだけでつくりあげる面がないのである。次に、<u>教室での学習時間を割くのはもったいない</u>という意見である。特に、受験をひかえた生徒を連れ出すことへの反対意見は多い。しかし一方、肯定的な意見もある。それは、修学旅行では<u>楽しい思い出を作ること</u>ができるということである。ちょっとふりかえっただけでも1つ2つの場面を思い浮かべられる人が多いはずである。さらに、<u>自立の旅</u>であるという点である。修学旅行は多くの子どもにとって初めて親元を離れる旅行である。最後に、<u>他者との出会い</u>という意味をもつ。授業中や休み時間での付き合いが殆どである友人の普段とは違った姿を見つけることが出来る。
　このように、賛否両論あるにしても、修学旅行は他の文化圏には見られない日本文化の1つとして定着しているといえる。

出典：白幡洋三郎　1996　旅行ノススメ　昭和が生んだ庶民の「新文化」．中公新書．

資料2-3　テキスト3（プロンプト群用）

　建物に沿った細長い花壇をボーダー・ガーデンという。ボーダー・ガーデンをうまく作るにはどのようなコツがあるのだろうか。
　まず、形と場所を決めることである。庭全体の中で、日当たりや建物との位置関係などを考慮して作り出すのである。次に、縁どりをすることである。縁どりをすることによって、見栄えが良くなるだけでなく、周囲より高いことで水はけがよくなるために、草花の成育がよくなるのである。また、花壇に立体感をつけることである。高低差をつけることによって花壇に奥行きと立体感が生まれ、全体が生き生きと見える。さらに、常に花が絶えないような植栽計画をたてることである。花の咲くピークを少しずつずらし、庭に何もない状態になる時期のないようにするのが理想だろう。最後にいくつかの花壇に分散することである。庭が狭いからといって1つだけボーダー・ガーデンをつくるより、同じ面積でも分散させて小さいものを複数つくったほうがよい。
　このようなコツをつかむことで、ボーダー・ガーデンは、現代の日本の住宅事情にも適応した便利な方法となるのである。

出典：三井秀樹　1998　ガーデニングの愉しみ　私流庭作りへの挑戦. 中公新書.

資料 3

実験テキスト（実験3）

・資料3-1　テキスト1（プロンプト群用）
・資料3-2　テキスト2（プロンプト群用）
・資料3-3　テキスト3（プロンプト群用）

※アンダーライン群，統制群の被験者には，下線強調のないものを配布．

資料3-1　テキスト１（プロンプト群用）

ラジオおよびテレビについて

　電波は国境を知らない。しかし、国境という枠組みの中を守備範囲とする主権国家は、この電波の流入を歓迎するとは限らない。これまでも短波ラジオ放送によって世界の各国は外国に向けての放送を行ってきた。ラジオによる外国からの情報の流入さえも阻止しようとする国家が存在する。たとえば北朝鮮（朝鮮民主主義人民共和国）では外国の短波放送を聴取することは禁じられていると伝えられている。情報が体制を脅かすとの認識があるのだろうか。1956年のハンガリー動乱には西ヨーロッパからのラジオ報道が大きく関わっていた。ハンガリーの人々は、西側からのラジオを通じてソ連で同年２月にスターリンが批判されたことを知った。またソ連に対して立ち上がれば、西側の援助が期待できるのではないかとの幻想を持ったのもラジオ放送に乗せられたからであった。ラジオを海外への宣伝の道具として本格的に利用し始めたのは、ソ連であった。1925年には既に各国語での海外向けの放送を開始している。やがて各国もそれに習うようになる。現在でもアメリカのVOA（Voice Of America）やイギリスのBBCあるいは日本のNHKは、各国語で放送を行っている。恐らく最大数の聴取者をもっているのであろうBBCは、40以上の言語で世界の150余か国に向けて発信している。言語の自由が保証されず国内のメディアが信頼されていない地域では、海外からの放送を驚くほど多くの人々が聞いている。そして、そうした国々が世界にはまだ多い。さらにラジオはテレビほど制作費が掛からないこともあって、マスつまり多数の聴取者を必要としない。一部の人々だけを対象とした番組制作が可能である。そうなると思い切り難しい内容の放送も可能になる。BBCのラジオの一部は、明らかにエリートだけを意識した番組構成に傾きつつあるように見受けられる。大衆はBBCの衛星テレビを見れば良いのである。確かにラジオは主役の座を衛星テレビに譲りつつある。しかし、まだまだ大きな役割を果たしている。とは言えテレビの持つ影響力はラジオをはるかに上回る。それゆえ映像の力を恐れる為政者は多い。為政者によっての衛星テレビの問題は、他国で制作される番組の内容をコントロールできない点にある。政治的にその内容が望ましくないと考えられる場合もあるし、文化的な問題を含んでいる事もある。たとえばヨーロッパの放送が流れてくる北アフリカや中東諸国では、文化摩擦の問題が発生している。ヨーロッパの男女関係の映像などは、イスラム諸国の社会規範から見ると明らかに行き過ぎている。もちろん文化の問題に隠れて海外からの政治報道の流れまでをも阻止しようとする場合も少なくはな

いのであるが。中国などでは衛星テレビの受信装置の保有を制限しようとの試みも一部で行われているが、今のところ成果をあげていないようだ。中世ヨーロッパにおいて印刷技術が実用化され書籍が多数出回るようになると、カトリック教会はこれを制限しようとした。教会にとって好ましくない本の流通を恐れたのである。しかし、結果は我々の目撃している通りである。国家と衛星テレビの確執も同じ結果に終わるのだろうか。テレビの国際政治における重要性を象徴するような事件が、20世紀の末のユーゴスラビアに対するNATO（北大西洋条約機構）軍による爆撃の際に起こった。1999年春にNATO軍によるユーゴスラビアに対する空爆が78日に渡って行われた。ここで注目しておきたいのは、NATO軍の爆撃目標の選択であった。ユーゴスラビア軍の兵器や軍事施設が目標とされたのは当然であった。また、それ以外に石油関連施設が集中的に攻撃された。燃料を断つことが、戦争遂行能力を奪う上で最も有効である。これが第二次世界大戦中に連合軍がドイツに対する爆撃で学んだ教訓である。ただ目を引いたのが、ユーゴスラビアテレビ局に対する爆撃であった。ユーゴスラビア政府の宣伝放送を止め、NATO側の情報を流すことで、ユーゴスラビアの軍民の心を掴もうとした。テレビが国際政治で果たす役割を裏書するような爆撃であった。

出典：高橋和夫　2000　国際政治：新しい世界像を求めて．放送大学教育振興会．

資料3-2　テキスト2（プロンプト群用）

生活の社会化について

　個人や家族の生活が家庭の内部では充足できなくなり、家庭外で供給されるモノやサービスに依存するようになることを「生活の社会化」という。敗戦から立ち直り、工業化、都市化、技術革新を進めながら日本の経済は世界でもトップクラス水準に達した。高度経済成長から安定成長期に移行した1990年代になり、バブル経済が崩壊したこともあわせて、日本経済は深刻な経済停滞期に入った。一般的な不況の中で、部門別GNPでは、農林水産業や製造業の低下の一方でサービス産業は生産を伸ばしている。1995年度から2000年度までの6年間を対象とする「経済計画」の中では、今後の成長分野として情報通信、リースなど企業活動支援、医療保険・福祉、余暇・生活、住宅関連、廃棄物処理など環境関連の7分野が挙げられている。特に、少ない素材で効果の高い生活関連商品や教育、余暇、介護、情報などのサービス商品が狙い目とされている。高度経済成長を最優先させてきた日本社会では、公共事業投資も生産基盤の整備が中心的であった。工業地帯の建設、高速道路、新幹線の整備、湾岸開発など次々に着手される一方、地域の生活環境施設の充実や環境対応は遅れがちとなった。しかし、1970年代以降それぞれの形の問題提起された災害対策、公害防止、生活環境の快適性、利便性の確保、地球環境破壊等への対応に不十分ながら手をつけられるようになってきた。日本に限らず、アメリカ合衆国でもフランスでも首都圏への一極集中の反動が、地方都市や過疎地の停滞を引き起こしている。既に着手されているが、それぞれの地域社会での生活を活性化するために、市町村単位の生活関連施設や生活サービスの供給が一層必要となるであろう。住宅サービス、福祉サービス、医療保険サービス、教育サービスなどがすべて商品化されるのではなく、適所適材に公的な社会サービスとして供給されることは、「生活の社会化」の公正さを保つために大変重要なことであろう。企業や行政以外のさまざまな組織からも生活手段が供給されている。特に、生活する者が自分たちに必要な生活手段を共同購入したり、協同生産する組織として生活協同組合がある。ここでは、共通利益をもつ人々が生活手段の生産、消費を媒介にして協同活動を展開している。その他、地域の非営利組織やボランティア活動によって、生活手段が供給され個人や家族の生活の質向上に貢献している。

　以上のように、企業、行政そして非営利組織などによって供給される生活手段を使用することによって「生活の社会化」は推進されている。「生活の社会化」は生活内容にどのような変化をもたらすのであろうか。衣食住分野から生活設計分野に至るま

で広範な「生活の社会化」がおこなわれている。例えば、レジャー産業によって供給される余暇商品を使用する場合、価格や品質以前の問題として、生活プロセスそのものが変容する。休日に家族で森林に行き散歩した後、飯ごう炊さんの食事をするのと、レジャーランドでジェットコースターに乗りハンバーガーを食べることのどちらが良いかの判断はできない。しかし、明らかに心身に与える影響や家族のコミュニケーションが異なっていることはわかるだろう。「生活の社会化」による短所として、第一に生活技術の低下、第二に家庭内人間関係の希薄化、第三に個別生活文化の減退、第四に社会的生産への対抗力を失うことなどが挙げられる。長所としては、第一に生活機会の増加、第二に社会的ネットワークへの参加、第三に利便性が増し、省力化でき余暇増大するなどがあるだろう。「生活の社会化」は欧米社会でも進行しているが、国によって形態や内容に特色がある。例えば、アメリカ合衆国では、日本同様、商品化が中心となっている。しかし、北欧では社会サービス化の比重が大変高い。フランスをはじめとするヨーロッパ連合の諸国は、アメリカ、日本と北欧の中間に位置している。今後の課題として、日本でも、良質な商品化、安心を与える社会サービス化そして地域や市民レベルでの自発的な協同活動に支えられた生活の社会化が進められなければならない。

出典：松村祥子　2000　現代生活論：新しい生活スタイルと生活支援．放送大学教育振興会．

資料3-3　テキスト3（プロンプト群用）

人間関係について

　人間関係という語は、集団・組織の中の人間関係あるいは集団・組織を形成するような人間関係を含むとともに、集団・組織の外に拡がる人間関係あるいは集団・組織を形成しないような人間関係をも、ともに含む言葉である。都市化や産業化の急速な進展をまだ経験していない社会、たとえば高度成長期（1960年以前）の日本社会では、人間関係といっても、それは実際には集団・組織の中の人間関係を意味していた。家族、地域社会、学校とこれに関する集団、会社および会社内外の諸組織に人びとは所属し、それらの集団・組織内の人間関係の中でいきていたのである。集団・組織内の人間関係は、親密な仲間関係や友人関係を含んではいるが、基本は、集団・組織の内部における地位の関係と、それにもとづく役割関係、いわゆる地位－役割関係である。たとえば家族というきわめて身近な集団のなかにも、夫、妻、父、母、男の第1子、女の第1子など、さまざまな地位がある。また、家族成員は同時に複数の地位を占有している。妻にたいしては夫という地位を、子に対しては父という地位を持つように、人は、家族の中で複数の地位を持ち、それに対応する役割を担っている。妻に対する夫の役割、子に対する父の役割である。集団の中の人間関係を中心に生きるということは、このような地位－役割関係の中で生きるということと同義であり、このことはまた役割規範や集団規範を内面化し、それに遵じて生きることを意味する。たとえば、夫の役割や妻の役割が、疑いをもたれずにきちんと遂行されるためには、そのような役割を演じなければならないという規範、すなわち、役割規範を人びとが内面化していることが必要であり、役割規範の内面化は、この規範と密接に関連する家族に関する諸規範の内面化、すなわち、家族という集団に関する規範の内面化を伴うものである。人間関係が集団内関係中心であったとき、言い換えれば人びとが種々の集団に属し、その中で生きることが普通の、あたりまえのこととされていたときには、人びとの意識や行動は、集団における地位－役割関係と集団規範とに、大きく影響されていたと言える。したがって都市化・産業化の進展をみる以前の社会を対象とし、その社会における人びとの意識と行動を理解するには、人びとが所属する集団・組織の規範と構造を理解することが、まずもって重要であった。しかし、産業化と都市化の進展、またこれに伴う人びとの空間移動の激化は、人びとの集団に対する強い帰属感を薄める効果をもたらすようになる。これまでのように人びとは十全には集団に帰属しえなくなり、一方、集団規範自体も揺らぎ始める。人間関係を集団内関係とみなし、集団

の構造と規範の理解をとおして人びとの行動を説明することが徐々に困難になる事態が急速に進行する。たとえば戦前から戦後も長く、日本人の意識と行動を規定していた「家」という歴史的家族形態ないし家族集団の変化と、「家」規範の変容を考えてみよう。「家」の内部構造と「家」規範を対象とする実証分析によって、また「家」間の関係とその構造の解明をとおして村落構造を理解することは、日本社会の基底の構造を明らかにする上でも、日本人の意識と行動を説明するためにも、また日本の「近代」のありようを捉えるためにも必要にして重要な研究であった。人びとは「家」に帰属し、「家」規範を内面化し、「家」にたいする強烈な一体感を持ち、その上で「ムラ」の規範を内面化していたのであり、多くの日本人の意識の深層に迫るためには、このような「家」内部の、また「家」間の関係を理解することが現実的にも求められていたのである。しかし、人びとが「家」や「ムラ」から空間的物理的に切り離され、やがて内面世界においてもそれに十全には帰属しなくなり、さらに「家」とその規範の解体が進行すると、このような家族集団の理解によるだけでは、人びとの意識と行動を十分に説明することが困難になるのである。このように、現実の社会の変動に対応して、人間関係を集団内関係に限定する従来の研究視角と方法も、大きく変える必要に迫られるようになった。

出典：森岡清志　2000　都市社会の人間関係．放送大学教育振興会．

あ と が き

　本書は，2003年度に早稲田大学大学院人間科学研究科で博士（人間科学）の学位を授与された博士論文「テキストを用いた学習場面における下線ひき行動の役割と有効性の検討」に加筆したものです．学部3年生の終わりに卒業研究のテーマとして選んだ題材を長年追いかけてきたことになります．博士号を授与された後，自分自身の研究に対する葛藤などにより，公刊するまでに随分多くの時間を要しましたが，この度ようやく公刊することができました．ここに至るまでに支えてくださった多くの方々への感謝を述べたいと思います．

　博士論文を執筆していく上で，多くの先生方のご指導を受けました．学部時代からの指導教員であった早稲田大学人間科学学術院の野嶋栄一郎先生には，研究室に入った時から長年にわたり，大変お世話になりました．いつも前向きなアドバイスを下さり，自由な環境でマイペースに研究を進めさせていただいたことに深く感謝いたします．本書のもとになった各論文を執筆していく際，査読者からの指摘について議論を重ね，共に1つ1つクリアしていったのはよい思い出です．野嶋先生がご定年を迎えられる前に，本書を出版できたことを喜ばしく思います．

　また，博士論文執筆時，メディア教育開発センター教授でおられた伊藤秀子先生には，いつも丁寧なご指導をしていただき，多くのご助言をいただきました．先生が細かなデータを緻密に分析される姿を近くで見せていただいたことは大きな財産です．

　さらに，副査をお受けいただいた中島義明先生，齋藤美穂先生をはじめ，早稲田大学人間科学学術院の先生方からは，審査の過程において様々な観点からご助言をいただきました．ありがとうございました．

そして，助手時代の指導教員であった早稲田大学人間科学学術院の浅田匡先生には，本研究の成果を実践現場の研究と結びつけていく上でのご示唆を多々いただきました．先生とともに小・中学校の教室に入り，現場の先生方や子ども達と交流を持てたことは貴重な経験でした．研究成果を子ども達に還元していくところまで十分に至っていない点は，今後の課題として捉えています．

　また，学生同士の出会いにも支えられました．特に，学部，大学院を通じて，野嶋研究室の皆様の存在は研究を進めていく上で不可欠なものでした．共にデータに向かい合い，励まし合い，意見を交換することで研究を進めることができました．皆様とともに賑やかに過ごしたゼミ室での日々を懐かしく思い出します．そして，実験を重ねていく上では学内外を含め多くの方々に被験者としてご協力いただきました．皆様のご協力のおかげで研究を進め，成果をまとめることができたと感謝しています．

　さらに，現勤務校である玉川大学においてテキスト学修に励む通信教育部の学生の皆様と出会ったことは，テキストを題材とした研究に再び向かいあうきっかけとなりました．日々テキストと向かいあう皆様に研究成果を還元できるように今後も力を尽くしていきたいと思います．

　その他，多くの方々に支えていただきながら，研究を積み重ねてくることができたことをあらためて感謝しているところです．

　なお，本書は独立行政法人日本学術振興会平成28年度科学研究費助成事業（科学研究費補助金）（研究成果公開促進費　課題番号16HP5187）の交付を受けて出版されました．この場を借りて日本学術振興会に御礼申し上げます．また，出版にあたり風間書房の風間敬子様，大高庸平様には大変お世話になりました．ありがとうございました．

　最後に，支え続けてくれている家族に感謝を伝えます．博士論文執筆に至るまでの過程だけでなく，その後の年月の中でも，研究を続けていくことを難しく感じた時期がありました．その中で何とか続けながら今に至ることが

できるのは，夫や息子たち，両親をはじめとする家族の理解と支えのおかげです．いつもありがとう．

2016年10月

魚 崎 祐 子

著者略歴

魚崎祐子（うおさき　ゆうこ）

1999年　早稲田大学人間科学部卒業
2001年　早稲田大学大学院人間科学研究科修士課程修了
2004年　早稲田大学大学院人間科学研究科博士後期課程修了
　　　　博士（人間科学）

早稲田大学人間科学学術院助手などを経て，2012年より玉川大学通信教育部教育学部助教

テキスト読解場面における下線ひき行動に関する研究
―役割と有効性の検討―

2016年12月20日　初版第1刷発行

著　者　　魚　崎　祐　子
発行者　　風　間　敬　子

発行所　　株式会社　風　間　書　房
〒101-0051　東京都千代田区神田神保町 1-34
電話 03(3291)5729　FAX 03(3291)5757
振替 00110-5-1853

印刷　太平印刷社　　製本　高地製本所

©2016　Yuko Uosaki　　　　　　　　　NDC 分類：140
ISBN978-4-7599-2153-3　　Printed in Japan
JCOPY〈(社)出版者著作権管理機構　委託出版物〉

本書の無断複製は，著作権法上での例外を除き禁じられています。複製される場合はそのつど事前に(社)出版者著作権管理機構（電話 03-3513-6969，FAX 03-3513-6979，e-mail: info@jcopy.or.jp）の許諾を得てください。